落落　编著

冲绳好好玩

长江出版传媒　长江文艺出版社

目

录

水平線への旅

blue tour

石垣島の
夜明け

日暮れ

いつも
旅の中

注意事项和提示 / TIPS

 相关信息 / INFO

 更多详细介绍 / MORE

 编辑感言 / TALK

冲绳好好玩

全纪录 冲绳之旅 文艺风象

9:20
上海浦东国际机场
乘坐东航 MU2045 出发！
（＊以下为冲绳当地时间）
↓
12:30
抵达那霸机场，
参观冲绳旅游观光局总部
（①＊P50）
↓
13:30
参观首里城
（②＊P50）
↓
15:00
入住位于国际通的
JAL CITY 那霸酒店
↓
15:30
参观那霸市传统工艺馆
（③＊P51）
↓

◀冲绳观光局为我们
此程安排的向导兼翻
译金城文音女士

盛夏时节，正是前往海边游玩的最好时机。应冲绳旅游观光局的邀请，《文艺风象》的编辑们非常荣幸地踏上了冲绳之旅，在这个蔚蓝的冲绳度过了六天回想起来既梦幻又难忘的时光～那么这六天里落落和《文艺风象》的小编们都去了哪些好看又好玩的地方呢？就请随我们来看看吧！

冲绳旅游观光局总部
沖縄観光コンベンションビューロー（OCVB）

地址：冲绳县那霸市小禄 1831-1 冲绳产业支援中心 2 楼
电话：098-859-6127
网址：www.ocvb.or.jp

▶观光局总部陈列的琳琅满目的冲绳旅游相关资料。

◀冲绳旅游观光局总部负责接待我们的仲宗根小姐，白嫩的皮肤令人相当惊讶！她笑着解答，"在冲绳，防晒是必不可少的功课！"

⚠ 冲绳的紫外线非常强烈，大家一定要做好防晒，务必使用高系数的防晒霜，墨镜、帽子、阳伞及防晒衣物等都是旅游的必需品。

② 首里城
首里城公园

地址：冲绳县那霸市首里金城町 1-2
电话：098-886-2020
网站：http://oki-park.jp/shurijo-park/chinese/index.html（中文）

🔍 P106～P107
P130～P135

③ 那霸市传统工艺馆
那霸市伝統工芸館

ℹ️ 地址：冲绳县那霸市牧志 3-2-10 TENBUSU 那霸 2F
电话：098-868-7866
网站：http://kogeikan.jp/international/chainese/

◀由陈列现代名家作品的展示室和商店组成的工艺馆，集合了冲绳的代表性传统工艺，游客们亦可亲自体验制作。

💬 竹满
文艺风象 editor

　　层叠渐进、铺陈至天边的蓝色海洋，大概是许多人对于冲绳的第一印象。但我第一次冒出"想去冲绳看看"的念头，却是因为一张冲绳美丽海水族馆的照片。画面里巨大的鲸鲨被定格成了最优美的姿态，蓝色的水光勾勒出底下一排高举着相机或手机拍照的渺小的人类的轮廓。也不知道是触及了内心的哪一点，我忽然间就很希望自己也进入画面之中，想要站在那一群渺小的人类中间，静静仰望那个巨大的身影在自己非日常的时间里游弋。

　　从此以后就打开了开关，只要是和"冲绳"有关的话题我都会不由自主地竖起耳朵，因此也知道了那里美丽的大海、淳朴的民情和种种迷人的风物。以至于在得知有好感的歌手或演员出生于冲绳之后，心里的分值就会猛地拔高起来。"是在那片海岛上生长的人啊。"这样想着，心里就下了定论："一定是个纯真又热情，很好交往的人。"事实上，这样一厢情愿的想法在我真正踏上冲绳的土地之后，也终于有了实感。不同于日本人惯有的严谨和一本正经，冲绳人的认真往往带着一股难以言喻的亲和力。那种在确保事情顺利进行的基础上营造出来的，随时欢迎你与他们交谈的轻松感，就像他们时常保持在脸上的质朴笑容一样，没有太多装饰的痕迹，令人忍不住想要用相同的方式回应他们。

16：00
国际通逛街购物
（④*P52）
↓
18：30
晚餐，享用琉球料理
并观赏琉球传统舞蹈
（⑤*P53-P54）
↓
20：00
观赏岛歌 live，
品尝泡胜酒等传统小吃
（⑥*P54-P55）
↓
22：00
返回 JAL CITY 那霸
酒店休息
（⑦*P55）

P118

Ⓐ **国际通**
國際通り

JUNKUDO 书店
ジュンク堂書店

ⓘ 地址：冲绳县那霸市牧志 1 丁目
19-29 D-naha
电话：098-860-7175

小编一行抓住晚餐前短暂的时间在冲绳首屈一指的热闹街道国际通一带进行了迅速扫荡，首站冲向的是……书店。

SHOPPING MALL

⚠ 以下三间大型购物商场均设有投币式置物柜，可以把较重的物品进行寄存便可舒适轻松地逛街。

冲绳三越百货

ⓘ 地址：冲绳县那霸市牧志 2-2-30
电话：098-862-5111

那霸 OPA

ⓘ 地址：冲绳县那霸市松尾 2-8-19
电话：098-867-7807

PALETTE 久茂地（RYUBO）百货
パレットくもじ

ⓘ 地址：冲绳县那霸市久茂地 1-1-1
电话：098-867-1171
网站：http://www.palette-kumoji.co.jp/

冲绳的第一大百货公司，以流行时尚服饰为主，内设电影院、市民剧场、艺廊、餐厅、杂货店等。RYUBO 百货 2F 与单轨电车站连接，交通非常方便，是时尚女性最喜爱的购物胜地。

⚠ 出示护照可以直接按照免税价格购买。

⚠ 1F 的邮储银行窗口可兑换外币，ATM 可使用银联卡直接提取现金（详情请参阅百货公司网站）。

Dinner
四つ竹

ℹ️ 地址：冲绳县那霸市久米 2-22-1
电话：098-866-3333
网站：http://www.yotsutake.co.jp/kume/?lang=zh
营业时间：18:00~22:00
● 琉球舞蹈开演时间：1楼 宴客表演厅 / 19:30；2楼 包厢 / 19:00

⑤

客人预约栏
"文艺风象"发现！

▶最具代表性的冲绳料理物之一豚肉，也就是猪肉，是冲绳人的最爱，喜欢的程度到了有"除了叫声都能吃"的说法。

落落
文艺风象 editor-in-chief

　　一边吃着滑嫩的猪肉火锅，一边观看独具特色的琉球舞蹈，再加上总是那么美味的生啤——让我这种平日多半靠叫外卖来渡日的人好好温习了一下什么叫"人间至福"。另外包厢环境实在太过豪华了，总能让人联想到日剧里面那些有头有脸的政要或者社长们在密谈要事的画面。《文艺风象》小组在讨论的要事是"要不要再加两份肉呢？"

在一个多小时的晚饭过程中，四つ竹的表演者便为我们演绎了三套各具特色的琉球传统舞蹈，认真敬业的态度让人钦佩。

▶主食配有冲绳拉面和特色炊饭。

◀饭后甜品的雪葩与食器颜色的搭配美得让人不忍下口。

关于冲绳音乐
P136~P147

岛歌艺术家上原正吉先生的店

ⓘ 地址：那霸市牧志 1 丁目 3-53
电话：098-868-3924
网站：http://w1.nirai.ne.jp/na-kuni-/
营业时间：18:00 开始
● 岛歌 live 开演时间：19:00

◀传统琉球式风格的氛围让人备感温暖惬意，楼梯走道的墙壁上贴满了上原先生演出的相关照片及和客人的合影。

别具风味的
冲绳下酒小菜

Kanpai！

▼豆腐糕
被冲绳人称为珍馐的下酒菜，口感类似腐乳，浓郁的味道一定会让爱酒人士大呼"过瘾"。

▼海葡萄
口感滑溜溜的海藻……吃下去能看见大海！（开玩笑啦。）

强烈推荐！
健康美味 NO.1

◀Mozuku
汉字写作"海云"或"水云" 有着诗般名字的海草，据说冲绳人因为大量食用它所以长寿哦！

竹满
文艺风象 editor

我们刚到上原正吉先生的民谣居酒屋的时候，店里的客人并不多，闲适的氛围里，人们毫不拘谨地喝酒聊天。然而当上原先生和他的家人即将开始表演时，店里很快就坐满了。待到三线拨动的旋律响起，热闹的气氛自然而然地就涌了上来。那种乐在其中的生动和欢快，令每个在场的人都深受感染。唱着唱着，大家就跳起了舞，小小的店里转眼之间就充满了狂欢的气氛，欢声笑语萦绕耳旁。这是我第一次如此近距离地感受到岛歌的魅力，当时不禁想起了一句歌词，出自我很喜欢的冲绳乐团 PENGIN 所唱的《琉球音头》："越过海洋，震动心脏。"

▲上原一家人全数登台表演后便迎来了店内众人欢乐起舞的高潮。

充实的
冲绳首日之旅
完满结束！

⑦

JAL City 那霸酒店
ホテル JAL シティ那霸

 地址：冲绳县那霸市牧志 1 丁目 3 番 70 号
电话：098-866-2580
网站：http://www.naha.jalcity.co.jp/chs/index.html

Date 7 月 25 日

Weather

9:50
出发至那霸机场
乘坐 JTA0605 前往石垣岛
（① *P56）

↓

12:40
在石垣岛港口午餐

↓

13:20
游览 MINSA 工艺馆，
了解 MINSA 历史，体验纺织
（② *P56-P57）

↓

14:30
川平湾，乘玻璃船看珊瑚
（③ *P58-P59）

↓

15:30
入住石垣海滨酒店
（④ *P60）

17:00
酒店海滩欣赏海景
（⑤ *P60）

18:00
酒店半自助式晚餐
（⑥ *P61）

↓

19:15
观看日落后休息
（⑦ *P61）

▶ 已成为历史的
石垣机场

① 新石垣机场

2013 年 3 月 7 日起新石垣机场正式启用，
取代旧有的石垣机场

⚠ 从立项到开业耗时 37 年的新石垣机场比起旧机场各方面条件均有大幅度提升，但相应地位置也会更偏远，与石垣市市中心相距为 15 公里，驾车沿国道 390 号来往需时约 30 分钟。

◀在机场的国内线及国际线正门，所用的名称并不是称为"新石垣机场"，而是"南边的岛石垣机场"〔南ぬ岛石垣空港〕。当中"南ぬ"（Pai-nu）是采用冲绳语，而非一般日语常用的"なんぽう"（Nanpō）。

 关于冲绳纺织
P152~P157

 ②

MINSA 工艺馆

ℹ 地址：冲绳县石垣市登野城 909
电话：098-082-3473
网站：http://www.minsah.co.jp/news/category/news/
营业时间：9:00~18:00

关于纹样的小常识

相同的纹样在不同地域读法和意义都会有差异哦。
●冲绳地方读法和意义：
a.Daki-nu-fushi / 竹节
●八重山地方读法和意义：
b.Guma-nu-nari-gashiri / 胡麻果实的形状

◀纺织老师耐心地向体验纺织的游客教授基本技巧。

竹满
文艺风象 editor

　　我对一切手工制作的东西都有好感，并且对于手工制作的过程也非常感兴趣，因此一听说可以亲身体验冲绳传统织品"MINSA"的纺织过程，我心里就乐开了花。当然，表面上还是要维持住我大中华纺织工艺源头见惯不惊的端庄形象……总之，在纺织老师的指导下，我代表我们《文艺风象》旅行团小心翼翼地坐上了那台空间略显促狭的古老纺织机。双脚踩上纺织机底部一左一右的踏板，按照老师教导的步骤，将木质的梭子从左边穿到右边，用力将丝线纺紧压实，再踩一下踏板，又将梭子从右边穿回左边，纺紧压实……简单的步骤，循环往复。只要记住了顺序，很快就能够上手。

　　安静的海岛上，纺织机发出的嗒嗒声听起来清脆又响亮。看着织品在自己的手中一缕一缕地堆积成深深浅浅漂亮的蓝色，心里便涌出一种仿佛正在用自己的双手编织着冲绳的海洋的幸福感。也许是出于对传统手工艺的尊敬和保护，这样织出来的MINSA，在当地的售价也颇为昂贵。但如果你有机会去冲绳的话，买一件小小的织物带回来，也会是个非常有冲绳特色的纪念品。毕竟，它们真的是单从视觉效果上就能一目了然地让人想到冲绳的大海，以及海浪声中嗒嗒作响的，与当地人的生活紧紧联系在一起的纺织机。

③ 川平湾
川平マリンサービス

地址：冲绳县石垣市川平 934
电话：098-088-2335
网站：http://www.kabiramarine.com/

P108~P109

位于石垣岛北端的著名景点川平湾，是名副其实的"水清沙幼"，加上几座立于水中央的绿林茂盛的小岛，和错落停泊在浅滩的观光玻璃船，风光美如画，不愧有"日本的最后乐园"的美誉。
湾内拥有超过两百种的造礁珊瑚，这里还是全日本唯一的黑珍珠养殖场。

⚠ 虽然川平湾的水质超优，但由于暗流关系是禁止游客下水游泳的。

⚠ 来川平湾观光切记要选择晴朗的日子！否则它的迷人风貌完全呈现不出来（参见右图对比）。
川平公园的展望台是眺望川平湾的最佳地点。

▲首天拍摄，阴天。
（虽然沙子还是一样地细白。）

◀心有不甘的我们在后天早上离开石垣岛时再次前往川平湾，晴天下的样子果然不一样。

💬
张 树
文艺风象 art director

出发前便和 kiya 紧张兮兮地查询出行几日的天气情况，预报得知六天都将是阴天时还挺失落的，因为和某个怕晒怕得要死的家伙不同，我们都一致觉得即使"会被晒成黑炭啊啊啊"也还是很期待"大太阳"的。

▲ 采坐观光玻璃船（约 1000 日
元／人），于海底约 80 厘米（浅水
区）观赏海洋里的各种鱼及美丽的
珊瑚。于船上还能找到小丑鱼
等许多常见鱼类。

喵星人发现～

Photo／Nono NAKAYAMA

石垣海滨酒店（Ishigaki Seaside Hotel）
石垣シーサイドホテル

i 地址：冲绳县石垣市川平 154-12
电话：098-088-2421
网站：http://www.ishigaki-seasidehotel.com/

◀ 酒店的吉祥物翻车鱼。

坐了一上午飞机＋汽车累得不行，一冲进饭店大堂本想办完入住直奔房间的，却被这个大厅里可爱的翻车鱼吸引了，摆了各种 pose 拍了一系列"蠢到爆炸"的照片。（嘻嘻……不给你们看 >_< ）

⑤

冲绳离岛中的首选"治愈系酒店"
正对酒店的海滨沙滩，在阴天里依然散发出静谧澄净的强大气场

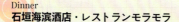

Dinner
石垣海滨酒店・レストランモラモラ

▶酒店餐厅自助水果区提供的菠萝实在是美味惊人，入口即化甜美多汁……结果大家在正餐上来之前已经被菠萝喂饱了 +_+。

石垣岛的
日出日落
P20~P34

kiya
文艺风象 editor

　　说起来这是我第二次来到冲绳，2009 年 KAT-TUN 的夏季巡回开到冲绳，当时就像着了魔一样觉得一定得趁那个机会去冲绳看看，好像不这么做就会与这个美丽的海岛失之交臂，再无机缘相见，那简直被我定义为一生唯一的一次机会。而那个时候直飞的航班还远没有现在这么多，日本签证也没现在这样方便。但是就凭着一股子对"海"和"蔚蓝"的向往，还是从东京转机来了。中间的波折不去细说，只是现在还记得当年第一次见到冲绳层层叠叠深浅不一的蓝色海洋时，那种说不出的感动。

　　从小我便对海洋有种莫名的憧憬，在面对是"山派"还是"海派"的问题时可以一秒也不犹豫地回答是"海派"。小时候喜欢在海里游泳，每年暑假都随着父母去有海的城市常住，不到一个月不回家，开学都还恋恋不舍，就算晒掉一层皮也觉得开心。长大后不太下海游泳了，却依然喜欢去有海的城市，只是坐在海边听海浪声也可以安静度过一天。

　　再后来，出于对日本文化的喜爱而频繁来到这个岛国旅行时，即便目的地并不是沿海的城市也会在能力范围内选一个有海的地方走走，而印象中遇过的那些海，不管是文艺的还是喧闹的都远不如冲绳的海。它宁静而纯粹。它是"蓝色"的，又不仅仅是"蓝色"的。

61

Day 3

Date 7月26日

Weather

5:00
观看日出
（①*P62）
↓

7:00
酒店早餐
（②*P62）
↓

8:00
从石垣港乘船出发，
前往西表岛大原港码头
（③*P63）
↓

9:10
乘坐观光巴士抵达仲间川码头，
乘船游览亚热带原始丛林，红树林，
观赏日本最大的天然纪念物先岛苏木
（④*P63）
↓

10:30
返回仲间川码头，
乘坐巴士前往美原，
在美原乘坐水牛车到由布岛
（⑤*P64-P65）
↓

11:00
游览由布岛植物园，
午餐后原路返回西表岛大原港
（⑥*P65）
↓

13:10
从西表岛大原港乘船前往竹富岛
↓

k i y a
文艺风象 editor

形容海天一色时人们大多数说的是蓝色，而事实上世界的某个角落就是有这样的地方——日出时天空与海水被朝霞染红的那一刻，整个世界都是梦幻的粉紫色。而且由于石垣岛独特的地理位置（靠近赤道）使得在同一个海滩上早上可以欣赏到日出晚上可以观赏日落，所以即便是花个大价钱住了临海的酒店也是十分值得的。清晨起来推开窗门，外面便是被海天包围着的如同镜面一样的世界，石垣岛的海像是一个把繁杂世界隔离在外的水晶球，那一刻我甚至坚信，这里是世界上仅剩的最后一个秘境。

在这里我必须要说，前一天晚上兴致勃勃地约好早上要看日出的人，只有我起来了！只有我！在踹醒同房的竹满以后，我又不甘心地从阳台上骚扰了隔壁两个估计已经从赤道睡到北极的人，只是她们非常没有定力地又睡了过去……于是来石垣岛旅游错过什么都不能错过日出就被她们错过了！

⚠ 日出时间大概只持续约30分钟左右，所以最好和当地人打听好当期日出的具体时段，以免错过。

▼均选用本岛土产食材，
纯粹美味。

Breakfast

Tour
西表岛·由布岛·竹富岛 3 岛周游券

ℹ 购票：石垣岛船运中心
票价：成人 15,300 日元，小孩：9,800 日元
● 包括：往返船票、观光巴士车票、午餐、仲间川巡游船票、
由布岛入园门票、水牛车费、珊瑚游览玻璃船费
● 另有其他路线备选，详情可询：
安荣观光
电话：098-083-0055
网站：http://aneikankou.co.jp/languages/c_index.html（中文）

③

④ **西表岛**
仲间川红树林巡游

ℹ 电话：098-085-5304
网站：http://www.iriomote.com/web/mangrove.html
● 另有其他观光项目可选，详情请参阅同网站

西表岛被称为东洋的亚马逊，岛上 90% 土地
为亚热带原生森林及红树林沼泽所覆盖。

⚠ 除了乘船巡游外，时间充裕又有冒险精
神的朋友不妨选择独木舟游览之旅，深
入林中探险，直面感受这个天然大氧吧
的原始气息。

◀ 岛上特有的珍稀生物
西表山猫，已被划归为
IUCN 极危物种，全岛
剩余不足一百只。

▶ 树龄四百年，高 20
米的天然纪念物先岛苏
木，生长着造型奇特的
板状气根。

⑤ 由布岛
水牛车/植物园

竹满
文艺风象 editor

13:30
竹富岛观光，
游览星砂浜，古民居
（⑦ *P66-P67）

↓

14:30
码头乘坐玻璃船观看珊瑚礁

↓

15:00
从竹富岛乘船返回石垣岛

↓

16:30
石垣岛观光，
游览唐人墓，BANNA展望台眺望
石垣市全景和八重山诸岛
（⑧ *P70）

↓

19:00
晚餐，乡土海鲜料理
（⑨ *P71）

↓

22:00
返回石垣海滨酒店，
观看星空后休息
（⑩ *P71）

　　由布岛的水牛车，可以说是冲绳离岛的一大特色。在通往由布岛必经的一片浅海海域，我们像其他游客一样感受到了乘坐水牛车的新奇。驾车的当地人和我们热情地讲述水牛花子的故事，说着说着，他就抱起三线自得其乐地唱起了歌。而我们坐在摇摇晃晃的水牛车里，听着清朗悠哉的歌声，望着别的水牛车缓慢地行走在空旷的大海中，那感觉真的非常奇妙，我甚至觉得，这根本不像是真实世界里会出现的场景。那种在静谧悠闲之中又带着几分壮大浪漫感的氛围，便是由布岛之旅给我留下的最深刻的印象。

　　在吃过心满意足的午餐，游览过花开绚烂的植物园之后，我们再度坐上水牛车准备离开。水牛缓缓迈开步伐，大家兴奋地聊着天，对下一站竹富岛充满了期待。这时向导金城女士忽然提醒我们："你们看，他们还在跟你们挥手。"我们有些意外地回头望去，果然看见几位当地的冲绳人还在笑着跟我们挥手告别——明明我们谁也没有注意到。这个小小的细节令我们很是抱歉和感动，大家纷纷挥手回应他们。笑容的来往传递之间，心里似乎也有什么东西被接通了。后来，我常常想，那种无声胜有声的感觉，大概就是冲绳的"本音"（日语，意为"真正的音色"）吧。

Lunch
由布岛食堂
幕之内便当

不知道是不是因为岛民们对水牛特别浓厚的爱，由布岛的牛牛周边也是离岛中最可爱及花样最多的，相当值得购买留念。

▲为感谢水牛始祖大五郎和花子所立的纪念碑，由布岛民们对于水牛都有着非常亲密而又特别的感情。

▶繁花盛开的植物园。

竹富岛
星砂浜 / 古民居

文艺小清新拍照的首选之地

甫一抵达我们就被竹富岛红瓦屋顶白砂街道的原始
风貌给迷住了，加上天公作美突然放晴，照片真是
怎么拍怎么美。
竹富岛的主要产业为观光，有许多民宿可以投宿，
你可以搭乘水牛车绕行岛上的老街，但更推荐的是
租借自行车自由悠闲地在小岛游览。

P112~P115

关于冲绳
古民居
P158~P163

⚠ 星砂指的是一种像星星的砂状海洋堆积物，常常被误认为是一种沙子，但其实星砂是有孔虫（学名：Baculogypsina sphaerulata）的外壳化石。

⚠ 位于岛中心あか山丘的眺望台，是拍摄红瓦屋群全景的最佳地点之一。

Photo / ajari

⑧ 石垣岛
唐人墓 / BANNA 展望台

在日本，尤其在九州各地，有着许多中国明清或更早的中国人的街道和中国人墓地，它们被叫做唐人町和唐人墓。
位于石垣市观音崎的这座唐人墓，埋葬有于 1852 年罗伯特·包恩号事件中牺牲的中国劳工。原墓碑经过冲绳岛战役战火的洗礼，已经残破不堪。1971 年（昭和 46 年），石垣岛民和当地华侨出资重修了该墓。原墓葬的陶制墓碑收藏于八重山博物馆。

▲墓碑上书有时任琉球行政主席的屋良朝苗的题字：希望出现一个没有人歧视人，不再重演仇恨和残杀的人类和平社会，以祭奠长眠于此的异国人之灵（大意）。

▶复建的唐人墓是闽南风的牌楼式建筑物，挑高飞檐，在阳光下显得五彩斑斓。

Photo / ajari

エメラルドの海を見る展望台

ℹ️ 地址：冲绳县石垣市登野城 2241-1
电话：098-82-6993（BANNA 公园管理事务所）

◀这个建于 208 号公路旁的展望台，标高 230 米，除了可以鸟瞰石垣整个市景，还可以远眺到八重山诸岛，视野相当辽阔。可惜我们前往时天气欠佳能见度极差，不过也目睹到了冲绳的特色气象「东边日出西边雨」的景象。

Dinner
乡土料理 山海亭

地址：冲绳县石垣市美崎町 3 番地
电话：098-083-0596

张树
文艺风象
art director

喵？
好像忘了啥？

晚餐是异常丰盛的冲绳特色乡土料理，终于吃到了我心念念的冲绳名物苦瓜！什么？你要问为什么这么丰盛的一餐确只有两道菜的照片？！苦瓜怎么影都不见？！那是因为……经过一整天的密集采风下来，一群人坐下来看见吃的后便两眼放光大肆开吃别的什么完全抛在脑后，我吃到一半才突然醒觉忘记拍照，结果拍了没几张后看着其余人吃个不停又心有不甘就把相机一扔继续加入饭局……（啊啊啊我有罪 T_T）

原以为基本一整天都阴天下雨，晚上夜空也应该没啥看头，谁知道九点过后云层散开，夜空兀然明亮起来——月亮高悬在中天，周围若干的零星点点（对的因为月亮太亮而导致星星看不太见 =_=），虽然不是期待中典型的离岛星空，但这样仿佛漆黑的绸缎子上镶嵌着明珠及碎钻的感觉，和着石垣岛静谧的气质，不由得让人心生平静，只想静静享受此刻。

⚠ 关于离岛观星特别来上一段的小贴士：

南岛星空祭（南の島の星まつり）

相关地点：
★石垣港新港地区サザンゲート广场（メイン会场）
地址：石垣市美崎町 1 番地
★石垣岛天文台（前势岳）
地址：冲绳县石垣市新川 1024-1

石垣岛是离岛中除波照间岛外的最佳观星点，市内设有天文台，每年农历七月会举办全岛熄灯的南岛星空祭！可亲眼目睹牛郎织女相会在银河和全天八十多个星座闪烁整片夜空。

Photo / somedaysgoodday

Date 7月27日

Weather

8:30
再次赴川平湾看海
↓

12:40
在石垣岛港口午餐
↓

10:10
石垣机场乘JTA604
返回冲绳本岛
↓

11:05
抵达那霸机场
↓

11:30
ASHIBINAA OUTLET
参观购物
（①*P72）
↓

13:00
午餐，健康饮食万菜
（②*P72）
↓

13:30
DFS冲绳环球免税店购物
（③*P73）
↓

15:00
自由活动，药妆店购物
↓

Go shopping !

① ASHIBINAA OUTLET

ℹ 地址：冲绳县丰见城市丰崎1 188
电话：098-891-6000
网址：www.ashibinaa.com

这天我们告别了离岛，重新返回冲绳本岛的第一天的主题是：SHOPPING！首站我们来到了冲绳OUTLET，这里汇聚了七十多个人气名牌，享有OUTLET特有的2~7折的优惠不等。

Lunch
健康饮食万菜·九宫格自助餐 ②

健康ダイニグ万菜

ℹ 地址：冲绳县那霸市おもろまち3-7-26
电话：098-941-7755
网址：www.kenkou-banzai.jp

◀快捷健康的轻食主义之选。

DFS 冲绳环球免税店

ℹ 地址：冲绳县那霸市**おもろまち** 4-1
电话：098-951-1300
网址：www.dfsgalleria.com/jp/okinawa

血拼行程的第二站 DFS 冲绳绝对是个败家的好地方，这是日本唯一一个境内免税店，其规模仅次于夏威夷，排名世界第二位。在这里所有世界一线品牌一应俱全，当然你进去后相信眼泪和钱将要流得一样地多……

⚠ 在 DFS 内所购买的商品最晚请于登机前 30 分钟在机场提领柜台提领，切记要保管好购买商品时的收据。

Dinner
三郎·超豪华龙虾料理套餐

ℹ️ 地址：冲绳县那霸市若狭 1-14-10
电话：098-868-8348
网址：saburou.com

● 营业时间：
午餐 11:30~15:00 / 晚餐 17:00~23:00
全年无休

来到冲绳，只要一说到"吃"，那么本地人就一定会推荐赫赫有名的"三郎"。这家专吃龙虾的餐厅，每年都会吸引全世界的食客们专程坐飞机到冲绳来一饱口福。

◄店面巨大的龙虾招牌让人远远看见就眼前一亮，内心的 OS "哇，好大一只！" 等到美味端上餐桌时，还会再一次响起哦！

💬 张树
文艺风象
art director

17:35
超豪华龙虾料理晚餐
（④*P74-P75）
↓
19:00
佐藤太圭子琉舞练习场研习
（⑤*P75-P77）
↓
21:00
入住 OKINAWA MARRIOTT
RESORT&SPA 酒店
（⑥*P77）

吸取了前一天的教训，这次我可是有乖乖把整套晚餐都拍下来 +_+*，大概也是因为今天主要以购物为主，物质满足了精神造就了肉体也跟着轻松起来……店内包间环境雅致舒适，而且"石垣岛"的名字让还在眷恋离岛美好回忆的我们瞬间就戳中红心啊～

发现晚餐是全虾宴的时候竹满有问"你不是过敏能吃么"，但眼看着如此色香味俱全的菜点一道接一道呈上来时皮痒的问题完全被抛诸脑后了……美食当前吃最大！先吃再说！（是"挠"吧－皿－）

Oishi～

▼龙虾黄金烧
外酥里嫩的超大只
龙虾，肉质超鲜美！
好吃到哭出来！

搭配的食具器皿
都很可爱雅致

▶龙虾味增汤
在三郎可以尝到龙虾的各种
不同的吃法，而用龙虾和鲜
鱼熬制的汤汁，更是美味绝
伦到令人不禁感叹出声！

⑤

佐藤太圭子琉舞练习场

 地址：冲绳县那霸市小禄 1-8-18
电话：098-857-0108
网址：www.geocities.jp/takaryuokinawa

被认定为日本国家级重要非物质文化遗产的琉球舞蹈
艺术，在冲绳的传统文化中一直占据着非常重要的地
位。而若追溯历史，你会发现正是为了款待中国来的
册封使，琉球王国的献舞师们才创造了这门艺术。因
为这一历史机缘，我们对琉舞艺术都充满了好奇，
听闻能有机会拜会这一领域的"大家"——佐藤太圭
子老师，大家都雀跃不已。

◀佐藤太圭子
日本非物质文化遗产琉球舞蹈保持者、琉球舞蹈太圭流派创始人、冲绳县立艺术大学名誉教授。

◀ 琉球舞蹈是一种集内敛与优雅于一身的艺术，表现形式细腻、含蓄，动作少而缓慢，需要观众用心品味。

▶琉舞发饰。

　　▲▶不知是否因为从事琉舞这种如此讲究"美"的艺术的缘故，佐藤老师身上有种异常优雅的气息，居所内的每样器物都很精致讲究，连用作待客的糖果盘也美得令人心生爱怜。

76

　　佐藤老师是位非常气质极其优雅的女士，在我们抵达前，金城女士便为我们介绍，即便是炎热的天气里，佐藤老师为了招待我们这些客人，依然特别穿上完整的琉舞服装配饰，隆重地迎接了我们。闷热的室内她不时轻轻拭汗，却丝毫不会因此影响了她的专业，依旧清晰而文雅地为我们说明解说琉舞。佐藤老师的几位学生首先为我们表演了一段，佐藤老师对我们介绍，在琉舞中，女子们跳身着优美的衣裳，以手部为主的舞蹈动作，来体现祭祀活动中神女的祝愿。琉舞是一种充满了对立美的舞蹈，其中的"静"与"动"，"抑"与"仰"，"紧张"与"舒迟"，"圣"与"俗"，在舞者们的一招一式间，都可以充分地感觉。随后在佐藤老师的建议下，我也上台尝试了一小段，真的别以为看似节奏缓慢的琉舞就很简单，单单是脚步的滑动，真上场了才发现"难哭"，而被称为"アユミ"的这种步法，也恰恰是琉舞最最重要的基本，它讲究的是以对角线来前进，同时匹配手部的舞蹈动作。虽然不知道自己到底完成了几分，但能够有这样的机会体验一次，仍是不枉此行。

OKINAWA MARRIOTT RESORT&SPA 酒店
オキナワ マリオット リゾート＆スパ

ⓘ 地址：冲绳县名护市喜濑 1490-1
　电话：0980-51-1900
　网站：www.okinawa-marriott.com

◀44 平米的海景豪华房可供 4 人入住

冲绳本岛性价比极佳的典型豪华度假式酒店，首推海景豪华房

Day 5

Date 7 月 28 日

Weather ☀

8:40
参观万国津梁馆
（① *P78）
↓
9:00
前往游览冲绳美丽海水族馆
（② *P78-P79）
↓
12:30
午餐，冲绳传统料理
（③ *P80）
↓
13:20
游览名护菠萝园
（④ *P80）
↓
14:40
富着卡福度假酒店·公寓
酒店楼参观
（⑤ *P81）
↓
16:00
婚礼教堂参观
（⑥ *P82-P83）
↓

① **万国津梁馆**

ℹ 地址：冲绳县名护市喜濑 1792 番地
电话：098-053-3163
网址：www.shinryokan.com

万国津梁馆的意思是"通往世界的桥梁"，坐落在三面环海的观光胜地部濑名悬崖。作为 2000 年 7 月九州冲绳世界工业八国首脑峰会的主会场而被世人所了解。万国津梁馆由地上两层地下一层的会议楼、临海楼、宴会楼等组成。同声翻译以及网络等设备都是世界领先，作为国际交流的中心一直发挥着重要的作用。

P102~P105

冲绳美丽海水族馆
沖縄美ら海水族館

ℹ 地址：冲绳县国头郡本部町字石川 424
电话：098-048-3748
网站：http://oki-churaumi.jp/zh

冲绳最让人悠然神往的萌点满分的景点
海洋生物爱好者心中的顶级殿堂

⚠ 早上刚开馆的时候水槽的水质最佳，此外下午四点后进馆入场券可以打七折，这两个时段人也比较少，都是建议出游的选择。

沖繩美ら海水族館
Okinawa Churaumi Aquarium
沖縄美麗海水族館
80m

▲触摸池内可以让游客亲
自接触到海星等海洋生
物。（不过像上图里我们
这样拎起来是不对的好孩
子千万不要学。）

▲馆内的招牌巨型水槽"黑潮之海"，是全
世界首个成功把数匹鲸鲨和蝠鲼同时养育的
地方。

オキちゃん劇場
Okchan (Dolphin) Theater
海豚秀上演場
300m

◀海豚剧场
在蓝天白云大海的背
景下，可欣赏到宽吻
海豚和伪虎鲸令人激
动人心的表演。

▶海豚湖
可近距离观赏到
海豚的活泼嬉
戏，游客未经许
可还是严禁触摸
海豚的。

张树 💬
文艺风象 art director

◀海龟馆
在全世界的8种海龟
中，海龟池就饲养了
其中的5种。

ウミガメ館
Sea Turtles Pool
海亀館
290m

对海洋生物爱好者来说，
美丽海水族馆绝对是个能耗上
一整天的好地方，光是对着"黑
潮之海"发呆我就恨不得待上
个一小时，更别提一头栽进周
边店里左手鲸鲨右手蝠鲼嘴里
念叨着还要来一打海马……
临别一刻突然眼角发酸，心里
默默对自己说：没有关系，下
次，你会再来。

◀海牛馆
传说中的美人鱼……
圆滚滚的身材慢吞吞
的动作十分可爱。

マナティー館
Manatee Pool
海牛館
300m

▶ Bule Manta
位于1F的周边商品
店，经常都是人头涌
涌，各种特色周边应
有尽有，准备好荷包
大出血吧 ^_^

79

百年古家 大家·冲绳面与岛豚料理

🛈 地址：冲绳县名护市中山 90
电话：098-053-0280
网址：www.ufuya.com

③

▼使用やんばる岛豚的午餐
冲绳面定食套餐。

16:40
琉璃制作体验
（⑦ *P84）
↓
17:00
御菓子御殿参观
及品尝冲绳特色糕点
（⑧ *P85）
↓
18:00
乘车返回 OKINAWA
MARRIOTT RESORT&SPA
酒店，途中遭遇海边落日
（⑨ *P85）

坐落于绿荫环抱山丘上的大家冲绳料
理店，是由明治后期的古民居复建而
成，用餐环境古朴幽美。据说夜晚的
气氛会更佳，所能选择的菜色也更多
更豪华。

④ **名护菠萝园**
名護パイン

🛈 地址：冲绳县名护市为又 1195
电话：098-053-3659
网址：pineapplepark.ti-da.net

冲绳岛北部的红色酸性土壤特别适合菠萝生长，所以自古这一代
的菠萝就非常出名，此次我们便来到了有八十多年历史的名护菠
萝主题公园。园内种植上百种菠萝以及近千种热带植物，游客可
以乘坐菠萝游览车观赏不同品种的菠萝，还可以参观菠萝果酒的
制作过程及品尝各种菠萝点心。

菠萝命！！

▲讲解喇叭上挂着各式
菠萝园吉祥物。

⑤ 富着卡福度假酒店·公寓（Kafuu Resort Fuchaku CONDA·HOTEL）

カフー リゾート フチャク コンド・ホテル

地址：冲绳县国头郡恩纳村字富着志利福地原 246-1
电话：098-964-7000
网址：www.kafuu-okinawa.jp

◀酒店度假形式房型均设有开放式厨房，一家老小一起来的话，住在这里还可以自己烧菜~高级房型俯瞰大海的阳台上有超大型的豪华按摩浴池！

▼官网设计美观贴心，所有房型位置细节一览俱全。

富着卡福度假酒店公寓位于冲绳岛中北部，美丽西海岸恩纳村中心地。酒店面朝广阔碧蓝的西海岸，背靠亮绿流畅的国际高尔夫俱乐部。Kafuu 为冲绳当地语，意为幸福、幸福降临的意思。

六星级奢华度假天堂，提供一站式贴心细致服务

▲名称为"卡福快递"的客房服务可提供的物品由小家电到婴儿用品应有尽有，大部分都是免费。（连 Wii 和天文望远镜都有啊！）

▲▲由酒店眺望出去的景色，白色盒子状建筑物是酒店附设的婚礼教室。

近年来无论是日本本土或海外前往冲绳举办婚礼的热潮一直有增无减，当然，能这样面对蓝天碧海许下一生一世的誓言，浪漫幸福度绝对百分之两百！我们这次重点参观了日航饭店麾下的两所教堂。

P100~P101

Lazor Garden Alivila 教堂
ラソールガーデン・アリビラ

地址：冲绳县中头郡读谷村字仪间 600（日航饭店内）
电话：098-982-9111
网址：http://www.resort-wedding.jp/lazor/

kiya
文艺风象 editor

　　这一天连着卡福饭店内的教堂一起参观了 3 个教堂，不得不说冲绳海边的教堂实在是太美了，对了，你觉得眼熟了吧？去年出版的新版的《剩者为王》在当当网做活动送的明信片以及图书宣传时用的那张在教堂的照片就是在冲绳拍摄的。

　　还有一件事是我必须得说的，就是给竹满做琉球玻璃体验的那个玻璃师傅……长得真的很像小天团（Arashi，日本偶像团体）的二官和也啊！所以你们……请看后面那个没有节操的人自己写的吧！

Alivila Glory 教堂
グローリー・アリビラ

地址：冲绳县中头郡读谷村字仪间 600（日航饭店内）
电话：098-982-9111
网址：http://www.alivila.co.jp/wedding/chapel.php

⑦ 琉璃制作体验 海风

琉球ガラス体験 海風

ⓘ 地址: 冲绳县读谷村字高志保 915 Gala 青之海内
电话: 098-958-2000
网址: www.okinawa-umikaze.com

▲琉璃制作体验也相当受小朋友的欢迎，工作人员都会全程细心关照，过程相当安全。

◀有相为证，真人更帅 >＜

💬 **竹满**
文艺风象 editor

　　身为女孩子，对于晶莹剔透 kirakira 的玻璃工艺品怎么可能不动心呢？！而且还可以亲手制作一个超漂亮的玻璃杯免费带回家？！而且传授制作方法的老师还是东大毕业的年轻学霸帅哥一枚？！这种三连击的好事对我来说简直是一次性透支完了整年的 RP 才有可能碰上的！那么我当然要自告奋勇地上了呀！你说什么？节操？（冷笑一声甩头发）那种东西可以吃吗？就是这样，我这个超级手工艺爱好者又得到了一次亲手制作冲绳传统玻璃杯的机会。

　　玻璃工坊的老板跟我们介绍说，这位学霸老师在东大毕业之后原本可以在东京找一份相当不错的工作，但他却毅然决定南下冲绳，在当地花了三年的时间悉心学习冲绳传统的玻璃工艺，梦想是将来可以成立一间自己的玻璃工坊。而这样清秀帅气肯吃苦又有志气的年轻才俊，却在手把手地教导我怎样才能把一个样式简单的玻璃杯做得好看又实用，并且在我力气不够无法正确使用工具的时候，还体贴地替我处理好手尾。那种专注的神态、温柔的仪表和脑腼的笑容，自然是叫人各种心猿意马嘛>///＜所以你们看我原本应该讲一讲我终于亲自站在冲绳美丽海水族馆时的感动，却因为赞叹这位玻璃工艺老师就已经把篇幅用完啦！\TOT/

　　那么最后再大力推荐一下，亲手制作玻璃杯相当地有趣哟！（各种意义上）尤其是当你结束了冲绳之旅，每次喝水喝茶时捧起你在冲绳亲手制作的杯子（回想起当时的场景……>///＜），那心情可是绝妙的！

84

⑧ 御菓子御殿

御菓子御殿·読谷紅いも菓子本舗

i 地址：冲绳县中头郡读谷村字宇座 657-1
电话：098-958-7330
营业时间：8:00~21:00
网址：www.okashigoten.co.jp

◀包装工作间

▶店内除了有以红芋为主的各类糕点外，也有泡盛酒、冲绳盐、黑糖等多种本地土特产售卖。

※图片来自官网

▼※亦属手信必备的金楚糕，有多种口味可选。

御菓子御殿是冲绳知名糕点店，拥有多间分店，招牌红芋塔是标准冲绳手信。

▼狮像口香糖，女性和小孩都喜爱的萌物。

▲※取名叫"月亮公主"的蛋糕类菓子，有芒果和金橘两种口味。

⑨

🔍 P42~P47

Day 6

Date 7 月 29 日

Weather

8:30
ANA 洲际万座
海滨度假酒店海滩游览
（①*P86）
↓
9:00
万座毛游览
（②*P87）
↓
10:00
眺望美军基地
↓
10:30
美国村购物
（③*P87）
↓
11:40
前往冲绳文化王国主题公园
观看エイサー演舞，游览玉泉洞，
参观冲绳王国历史博物馆
（④*P88-P89）
↓
16:00
到达那霸机场乘坐 MU288
返回上海，告别冲绳

ANA 洲际万座海滨度假酒店
（ANA INTERCONTINENTAL MANZA BEACH RESORT）
ANA インターコンチネンタル万座ビーチリゾート

ℹ️ 地址：冲绳县国头郡恩纳村字濑良垣 2260
电话：098-966-1211
网址：www.anaintercontinental-manza.jp/

位于冲绳著名景点万座毛的对岸，坐拥着入选百大海水浴场的万
座海滩，ANA 洲际万座可谓是冲绳最知名的人气酒店。
因为这次我们主打的是"文艺清新不湿身"之旅（其实是因为行
程太密集没有时间 T_T），所以全程也没有安排下水的行程，但
眼看着碧澈的海水细白的沙滩就在眼前，实在忍不住在去万座毛
之前先到 ANA 酒店的海滩逛了逛，只是脱了鞋在浅滩踩踩水也
十分开心。

◀ ※ 酒店俯览全景。
※ 图片来自官网

▲▶ 从沙滩远眺
万座毛。

◀ 酒店海滩设有相当丰富的水上活动项目可供选择。

P96-P97

万座毛
まんざもう

地址：冲绳县国头郡恩纳村恩纳 2871
电话：098-966-1280（恩纳村商工观光课）

▲形似大象头隆起的珊瑚礁形成的悬崖绝壁以及拍打岸边岩石的巨浪形成了万座毛的标志性景观，大自然的雄伟气势尽收眼底。

③
美国村
アメリカンビレッジ

P119

地址：冲绳县中头郡北谷町字美浜 16-2
电话：098-936-1234（北谷町政府）

竹满
文艺风象 editor

　　离开之前先去取了前一天制作的玻璃杯，然后前往了美国村，本来只是想顺路看看没想到几个人像是掉进米缸的老鼠，冲进商场就出不来。美国村意外地是个很好购物的地方，一些颇受欢迎的日本药妆品牌，还有日常用得比较多的小东西（诸如眼药水之类），在这边的商场基本都可以买到，而且价格也相当便宜，所以我们毫不客气地在这里又狠逛了一番，再次给塞得满满当当的行李箱带来了不小的挑战。

⚠ 在日本的其他城市一般雪肌精等在药妆店就能买到的品牌护肤品及化妆品，在冲绳要到商场专柜或者大型超市里才有，一般的药妆店没有售卖。

④ **冲绳世界文化王国主题公园**
おきなわワールド - 文化王国

 地址：冲绳县南城市玉城字前川 1336
电话：098-949-7421
网址：www.gyokusendo.co.jp/okinawaworld

王国村·EISA（太鼓）群舞
エイサー演舞

EISA 群舞是冲绳民间的传统庆典舞蹈，每年到盂兰盆节（农历七月十五）的第一个周末，冲绳人都会跳这种舞来迎接祖先的灵魂，并且祈祷无病消灾、家中安泰。在王国村中，每天有 4 场 EISA 群舞表演，舞者们敲打着太鼓，挥舞着大旗，用极具爆发力的舞蹈传达着冲绳人的热情和旺盛的生命力。

◀游览的过程中接待我们的负责人招待我们试饮了冲绳本地酿造的黑啤酒。

◀▲除了口感醇正的黑啤酒外，还有美味的鲜榨果汁 ^_^

玉泉洞

玉泉洞全长 5 公里，是日本第二大的钟乳石山洞，也是冲绳岛南部众多钟乳石山洞中最长的一个，目前对外开放的区域为前 890 米，拥有壮观的钟乳石和石笋景观，被誉为"东南亚最大地下美术馆"。

▲ 青之泉。

▲ 这些经年累月的天然杰作在灯光照射下更显斑斓绚烂。

◀ 钟乳管。

王国村·冲绳王国历史博物馆

用简单易懂的方式向游客介绍琉球王国的自然、文化和历史的博物馆，常年开设冲绳历史文化生活相关的展览，从狮子雕像，到漆器、陶具、三线等传统工艺，全都在此一一展示。

◀▲ 馆内常设的"世界狮子展"，陈列了大约 300 座狮子雕像。

　　这一天我们便要离开冲绳了，很舍不得，六天内一直受到向导金城老师的照顾，短短几天时间我们就好像认识了很久的老朋友天南地北地侃着大山。最后游览过冲绳文化王国后我们便启程去了机场，结束了为期六日的冲绳之旅。非常感谢此行冲绳观光局的热心招待还有金城老师的陪伴导游。让我们在游览冲绳的同时也了解到很多普通观光行程不会接触到的冲绳之姿。

　　不道别，也不做约定，但是我们一定会再见面的。

OKINAWA
冲绳的
交通方式

　　到冲绳旅游一定要关注冲绳的交通问题。一般来说在冲绳能选择的交通方式就是巴士和单轨电车，另外就是租车。租车的话可以选择只租车也可以选择有司机的，国内的驾驶证不适用于日本，日本汽车方向盘在右边，行驶左边车道。所以一般中国的游客需要租车的话会选择包一整辆车有司机负责开车，然后大家均摊费用，当然费用会相对高一点。

**"租车的人一定要看的冲绳马路问题，
前提是你有国际驾驶证"**

★冲绳的道路常识

◇ 设置公车专用道

　　在那霸市区的马路上，平日早晚的交通尖峰时段设置有公车专用道。规定时间内，包括租来的车子在内，一般车辆皆不可通行，如果有违反的话就会成为取缔对象。

◇ 变换车道

　　在县道 29 号等比较容易塞车的公路上，中央线会在规定时间内移动，标示中央线的号志就在头顶上，禁止通行的车道上会点亮打 × 的灯。

"打车或者租车用户都可以关注一下的主要景点距离"

	边户岬	冲绳美之海水族馆	万座毛	美国村	和平祈念公园	首里城	国际通
冲绳美之海水族馆	约1小时40分/65公里						
万座毛	约1小时50分/72公里	约1小时30分/44公里					
美国村	约2小时/102公里	约1小时20分/72公里	约45分/28公里				
和平祈念公园	约2小时30分/128公里	约2小时/100公里	约1小时/56公里	约1小时/32公里			
首里城	约2小时10分/114公里	约1小时25分/85公里	约40分/42公里	约30分/15公里	约40分/20公里		
国际通	约2小时15分/119公里	约1小时30分/90公里	约45分/46公里	约35分/16公里	约40分/18公里	约10分/5公里	
那霸机场	约3小时30分/136公里	约2小时30分/104公里	约1小时15分/56公里	约45分/21公里	约40分/19公里	约20分/10公里	约10分/5公里

★以上所标示的时间仅供参考，因路况、天气等可能产生差异

"从那霸机场前往各地"

建议以租车的方式，方能随心所欲地畅游冲绳。但是如果你只是在那霸市中心移动的话，可以选择搭都市单轨电车或者打车，如果需要频繁地在本岛内穿梭的话可以搭乘巴士，还有连接那霸机场与中北部度假村饭店的机场利木津巴士。

★可以选乘的交通工具

◇ 都市单轨电车

都市单轨电车行驶于那霸与首里之间，全长 12.9km，设置有 15 站。起始票价为 220 日元，从那霸机场到首里城则需要 320 日元，所需时间为 27 分钟。从早上 5 点 48 分的始发电车到晚上 11 点 30 分的末班电车，每隔 6 ～ 15 分钟一班。如果需要经常搭乘电车，可以不限制次数的搭乘券就很方便了。一日乘车券为 600 日元，还附带那霸市内特定的观光设施打折优惠券（首里城等）。

◇ 巴士

路线巴士分成行驶于那霸市内的市内线和开往南部、中部、北部的市外线。依照路线标示出系统编号。但是因为路况的不同经常会堵车，所以不是特别准时，需要乘坐巴士的话要把时间算得充裕一点。搭乘巴士的时候需要在车站招手，市内线车费统一 220 日元，上车付款。市外线则是根据距离计算车费，下车的时候付款。

◇ 出租车

因为冲绳没有铁路设施，所以计程车也成为重要的交通工具，那霸、名护等主要都市及其四周，沿街揽客的计程车很多，带给旅客许多方便。在郊外，若是招不到计程车，打电话到附近的计程车行，行里马上会派车子来。有小型车、中型车两种，基本的费用，小型车 350 日元，中型车 360 日元。

◇ 租车

需要租车的话出发前一定要提前预约，很多公司在网上预订有优惠，可以在出发前做好功课。此外在入住的酒店、机场、DFS 冲绳等很多地方都有服务中心可以咨询租车服务，可以配合要去的地方、人数等选择。因为到冲绳旅游租车的人非常多，所以租车公司也很多，路上几乎随处都可以看到。

下面是几家当地比较大的租车公司，
具体费用可以电话咨询：

日本租车公司　　098-868-4554
丰田租车公司　　098-857-0100
马自达租车公司　098-858-1536

"万一回程的航班因为台风而取消怎么办？"
请向航空公司柜台索取号码牌，等到航班确认叫到自己的号码就可以登机了。
如果需要多留宿一天，请到航空公司柜台咨询。

电话 / TEL

地址 / ADDRESS

交通 / TRANSPORT

门票 / TICKET

网站 / WEB

大众感言 / TALK

冲绳玩什么

文艺风象
BEST
重点推荐

本島
中部 ▶

万座毛
<rt>まんざもう</rt>

☎ 098-966-1280（恩纳村商工观光课）

🏠 冲绳县国头郡恩纳村恩纳2871

🚌 琉球巴士交通恩纳村役场前巴士站徒步15~20分钟

位于国头郡恩纳村，特征是在垂直于海岸的断崖上，有着像大象鼻子形状的石头，崖上是一片长有天然草皮的辽阔的青草地，步道修整得十分完备。万座毛面对着东海，属于冲绳海岸国定公园，并因为周围拥有许多只有在这里才能看到的万座毛石灰岩植物群落而被冲绳县指定为天然纪念物。琉球王朝时代的尚敬王曾评价此地为："能供万人坐下的草坪。"名称即由此而来。在这里可以欣赏到壁立千仞的断崖和雄伟的海景，是冲绳首屈一指的绝佳景点。

"一到万座毛就感觉被蓝色包围了，美！到！落！泪！"
akari

"觉得我以前看过的那些都不能算是海啊！这才是海啊！！！"
就爱去海边

"能看到这样的绝景，就算晒成猪头也心甘情愿！"
防晒才是正经事

残波岬
ざんぱみさき

☎ 098-982-9216（读谷村商工观光课）

🏠 冲绳县中头郡读谷村宇座 1861

🚌 那霸市外巴士转运站搭读谷楚边线 28 路、读谷喜名线 29 路，
在残波岬公园下车，徒步 5 分钟

残波岬是冲绳非常有名的夕阳景点，位于冲绳中之读谷村西北端。虽然说冲绳整体被海洋环绕，基本全域都可看见美丽的日出或落日，但是残波岬的夕阳仍然被十分推崇。残波岬整体呈耸立的断崖状，隆起的 30 余米的珊瑚礁断崖连绵近 2 公里，是琉球古典音乐中经常被表现的主题。残波岬上有白色灯塔，2001 年 8 月开始根据需求成为一般开放参观的灯塔，塔高 30.61 米，灯高 40.03 米，与蓝色大海构成一幅美丽的画面，落日时分的景色更显得雄壮辽阔、美轮美奂。此外，这里也是非常著名的潜水地和垂钓地，旅游配套设置也很健全，是非常有人气的游览胜地。

"火红的落日与白色的灯塔相衬，简直就是人间绝景。"
桃子姑娘

"我喜欢到世界各地的海边拍摄落日的晚霞，残波岬不负我的期待。"
一直在路上

"看到夕阳的那一瞬间我忍不住尖叫，那实在太美了，可旁边的当地人都很镇定……突然觉得自己没见过世面 QAQ"
防晒才是正经事

ラソールガーデン・アリビラ

Lazor Garden Alivila 教堂

☎ 098-982-9111

🏠 冲绳县中头郡读谷村字仪间 600（日航饭店内）

🚗 那霸机场开车 60 分钟

🌐 http://www.resort-wedding.jp/lazor/

　　除来冲绳旅游外，在冲绳举办婚礼也成为近年来的一个流行趋势。Lazor Garden Alivila 教堂于 2011 年 3 月建成，被称为冲绳最美的教堂，收容人数最大 50 人，是以"至高的一天"为主题的婚礼空间。用玻璃建造的礼拜堂以及全白色的内饰，把这里装点成一座圣洁的海滩水晶城堡，巨大的玻璃墙壁面向湛蓝的海洋，使得教堂与海天成为一体，如梦似幻。

"让我这个女汉子如何镇定？！"
抠脚大叔

"去年 5 月在这里举行了婚礼，这将是我一生最难忘的回忆。谢谢老公♥"
全职主妇 A

"一推开教堂的门就响起了结婚进行曲，那一瞬间我就泪目了……陪闺密来看场地的我也忍不住想要好好面对下终身大事了。"
kotoko

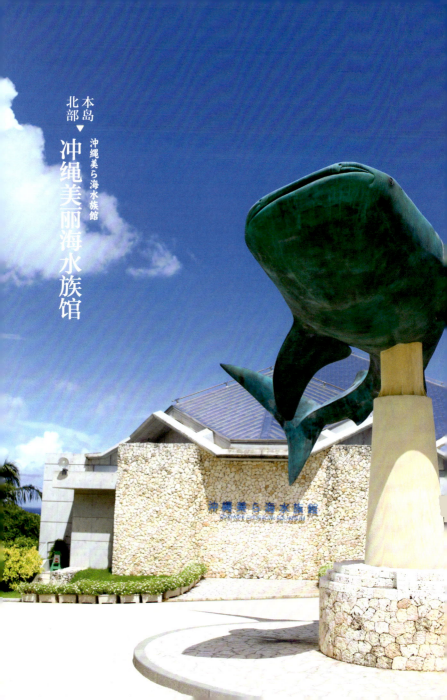

本島
北部
▼
沖縄美ら海水族館

沖縄美丽海水族馆

☎ 098-048-3748

🏠 冲绳县国头郡本部町字石川 424

🚌 那霸机场乘坐高速巴士 NO.111 到名护公交车总站转乘坐巴士
NO.65、NO66、NO.70 到"海洋博公园"下车即是

¥ 成人 1800 日元，高中生 1200 日元，小学生 / 初中生 600 日元，
6 岁以下儿童免费

🌐 http://oki-churaumi.jp/zh

在冲绳最让人神往的果然还是美丽海水族馆，水族馆内设有水量 7500
吨、世界第三大的水槽——黑潮之海，连同其余展示槽合共 77 个，规模浩
大，令人大开眼界。该馆以冲绳的海洋为展示概念，展出珊瑚礁、黑潮之海、
深海等各式海洋生物。其中最著名的有世界第一尾成功长期饲养的鲸鲨及
蝠鲼，该馆亦以鲸鲨为吉祥物。截至 2006 年年底，该馆共饲养 750 种，
共 28000 只海洋动物。水族馆旁亦设有海豚表演、海龟馆、海牛馆等，强
化水族馆的主题。在海豚池里，每天都会举办以浅显易懂的方式来解说海
洋生态的观察会。去水族馆观赏美丽可爱的鱼儿之外，还有一个最不能错
过的就是水族馆的周边贩售区，设置在海洋馆的出口处，美丽海水族馆的
周边做得非常漂亮且样式繁多，从玩偶摆件、文件夹、笔记本、信纸、书
签到餐具、相框、袜子，可谓应有尽有，设计也相当惹人喜爱，是为亲朋
好友选购纪念品的好去处。

💬

 "门票算下来才 100 块钱！业界良心啊！"
海洋生物爱好者

 "我会告诉你我买了将近 1000 块人民币的周边这种事吗？"
收集癖小姐

"鲸鲨实在太可爱了，参观完后忍不住买了一堆纪念品。"

现在鲸鲨是本命

首里城公园

☎ 098-886-2020（首里城公园管理中心）

🏠 冲绳县那霸市首里金城町 1-2

🚌 从市单轨电车首里站徒步 15 分钟

💴 成人 800 日元，高中生 600 日元，小学生 / 初中生 300 日元，
6 岁以下儿童免费

🌐 http://oki-park.jp/shurijo-park/chinese

　　首里城是冲绳独特历史和文化的象征，它被指定为世界遗产。在大约 18 公顷的公园内，除了有身为琉球历代国王的居城，同时也曾是政治及外交场所的首里城正殿之外，还分布着园比屋武御狱石门、守礼门等主要景点，适合一边散步一遍慢慢体会王朝文化。在距离幕末大约 450 年间，首里城都是琉球王国最繁荣的首都。在首里城公园里，可以欣赏到诉说着琉球这个海洋王国盛极一时的过去的凝聚着工匠们巧夺天工技艺的建筑物，它们有着鲜明的琉球风格，并且糅合了中国和日本传统建筑的特点，形态宏伟，色彩鲜艳。另外值得一提的是，首里城是一个无障碍环境，游客在游览期间可以免费借用轮椅，并且服务犬可以入内。

"守礼门是 2000 元日币上的图案哎，一定得去拍个纪念照。"
加加

"蓝天、白云、红色的城墙，再配上冲绳一年四季耀眼的阳光，真的像画一样。"
koko

离岛 ▼

石垣岛

石垣岛

Photo / ajari

那霸机场乘坐飞机直达新石垣机场，航程约 50 分钟

http://at-yaima.com

　　石垣岛距冲绳本岛那霸西南约 420 公里，是八重山诸岛的主岛，也是冲绳最广为人知的离岛之一。岛内的房屋都围着石墙，据说是为了免遭台风袭击，"石垣"也由此得名。石垣岛周长约 90 公里，特点是山多。石垣岛和夏威夷纬度相同，一年四季阳光普照。岛内名胜景点繁多——堪称冲绳第一海水的川平湾，海面以下遍布着绚丽多彩的珊瑚，川平湾的海水之所以有那么多种颜色，也是因为海水非常清澈，可以把海底珊瑚的颜色呈现出来；欣赏海景的好去处玉取崎观景平台，从这里可以眺望到美丽的白色沙滩；乌干崎灯塔可以俯瞰到蜿蜒崎岖的海岸线；位于石垣岛最北端的平久保崎灯塔，因人迹罕至而使得景色更加静美，适合一个人去发呆，听上一天海浪声也是很惬意的享受。

"早上一定要早点起来去看日出，朝霞的美貌程度绝不辜负你少睡那几小时。这事儿，一般人我不告诉他～"
lilichan

"川平湾那海水……让我第一次知道蓝也可以蓝出那么多种来。但是听当地的大叔说，我去那天还不是最好看的海水，因为太阳不大，海水的颜色没都出来。"
nannan

"一直喜欢一个人旅行，在石垣岛的海边就算什么都不干，听听音乐我也可以坐上一整天时间。"

独自上路

竹富島

竹富島

从石垣岛搭乘高速船约需 10 分钟

www.taketomijima.jp

竹富岛位于石垣岛的西南方约 6 公里处，是个原始而可爱的小岛，岛上有着非常美丽且保存完善的传统琉球村落，岛上民房多为木造，道路多为白砂堆积，保留了早期冲绳的样貌，以红瓦屋顶为主的房舍是岛上最大的特征，也是岛上最大的观光资源。岛上西侧的星砂滨因独特的星砂而闻名于世。竹富岛上没有出租车，观光客可以租用自行车，只需两小时就能绕小岛一圈。来到竹富岛一定不能错过的是，搭乘水牛车绕行岛上的老街，一边游览一边听着三线弦的演奏，费用为 1200 日元，整个路线 30 分钟。小岛上有一处眺望塔，大约 4.5 米，位于小岛正中心，虽然不高但因为坐落于山坡上使得在这里仍可以基本眺望到小岛的全貌，乘坐水牛车途中可以经过，因此坐完水牛车后不妨溜达过来看看。另外，因为竹富岛是由珊瑚礁形成小岛，因此在这里也可以乘坐玻璃船探秘海底世界欣赏美丽的珊瑚礁和海洋生物。

"小岛实在太可爱了，后悔没有多安排一天的时间。"
草莓丸子

"喜欢拍照的朋友一定不能错过这个小岛，绿树红瓦，南国风情满溢！按 100 个赞！"
按赞狂人

"真的有星星形状的沙子哎！这不科学！"

aiko

由布島

由布島

🚙 由石垣岛坐船至西表岛，再由西表岛坐水牛车前往

🌐 http://info.yuntaku.com

　　由布岛位于八重山群岛中，在西表岛与小浜岛之间，面积非常小，是海砂堆积所形成的岛屿，小岛主营旅游业，大部分区域无人居住，全岛居民只有十余人，岛上开满了扶桑和九重葛，使得整个小岛更像一个散发着花香的世外桃源。由布岛与西表岛之前的海水深度在涨潮时约为一米，因此使用水牛车作为两岛之间的移动工具，感受着海风，坐着摇晃悠闲的水牛车也是该岛的观光重点项目，全程移动 15 分钟左右。

"是怎么想出用水牛车过浅滩这个绝赞方案的？"
东东

"离岛的周边里就数由布的牛牛们最可爱了！好想全部打包回家！"
阿牛嫂

"花鸟天堂。"
abc

今归仁城迹 今帰仁城跡

☎ 0980-56-4400（今归仁村御城交流中心）

🏠 冲绳县国头郡今归仁村今泊 5101

🚌 那霸机场乘坐高速巴士 NO.111 到名护公交车总站转乘坐本部半岛线 NO.66 路在今归仁城迹入口站下车

💴 成人 400 日元，小学 / 初中 / 高中学生 300 日元，6 岁以下儿童免费

🌐 http://nakijinjo.jp

　　今归仁城迹为三山时代的北山王城堡，筑城于琉球王国成立前的 13 世纪时期，以石灰岩砌成的石墙几乎都还保留着完整的形状。占地之广大足以跟首里城匹敌，建在标高 90 ~ 100m 的山冈上，城的北侧和东侧是 70 ~ 80m 深的溪谷。由古生期石灰岩堆积而成的城壁高达 3 ~ 8m，长达 1.5km。城内有 8 个城郭，从城门到本丸铺满石叠道。从御内原看出去的景色非常壮观，天气好的时候甚至还可以看见与论岛。在 1 月下旬可以欣赏到以灯光打亮的樱花。2000 年 12 月被认定为"琉球王国的城及关联遗产群"。

国际通 国際通り

☎ 098-868-4887（那霸市观光服务处）

🚌 从都市单轨电车县厅前站徒步 3 分钟

　　国际通是冲绳最为热闹的街道，位于那霸市中心，全长约 1.6km，是那霸的主要街道。在这条什么都有什么都不奇怪的街道上，不管是要买、要吃，还是要玩，都有非常多的选择——大型百货公司、美食餐厅、自由市场、精品服饰店和具有民族特色的小饰品店比比皆是，可选购的东西非常广泛。如果你需要购置一些纪念品就一定不能错过这里。

美国村 *アメリカンビレッジ*

☎ 098-936-1234（北谷町政府）

🏠 冲绳县中头郡北谷町字美浜 16-2

🚌 名护西线 NO.20，读谷线 NO.28/29，名护西机场线
NO.120 等巴士在军医院前下车，徒步 5 分钟

🌐 http://www.okinawa-americanvillage.com

　　位于那霸市东北约 20km 处的北谷町，是模仿美国风情的都市休闲地，美国村集中了很多大型超市、商场、电影院以及餐厅和个性化商店，是深受当地年轻人喜欢的去处。大摩天轮是此处的地标性建筑，一到夜晚摩天轮变成大型霓虹灯，也为美国村的夜景增添了不少魅力。如果你需要购置一些化妆品和服饰，那么推荐你来此处逛逛，一定颇有收获。

冲绳会议中心 *冲绳コンベンションセンター*

☎ 098-898-3000

🏠 冲绳县宜野湾市真志喜四丁目 3-1

🚌 冲绳巴士读谷线 NO.28，与胜线 NO.52，宜野湾线
NO.88 等会议中心站前下车即是

🌐 http://www.oki-conven.jp

　　位于冲绳县宜野湾市的冲绳县立会议展览中心，临接宜野湾海滩、宜野湾海滨公园、体育馆、棒球场等设施，每年的冲绳国际电影节就在此举行。此外，冲绳会议中心也是不少明星来冲绳开演唱会的首选场地，在美丽的冲绳旅游，如果时间刚巧能赶上一次心仪的偶像明星演唱会，那你一定就不能错过了。会场附近的宜野湾海滩也是空暇之余的好去处。

冲绳之姿

琉球文艺复兴巡游之旅

冲绳又一次受到了注目。

现在大放光芒的，正是从过去的琉球王国时代所继承下来各种极具魅力的文化形态。

那个曾经的贸易小国，勇敢地漂洋过海，从各个国家吸收了最新的知识，在一座座小岛中孕育出了引以为豪的独特文化。变成『冲绳』之后，与其说文化的香气也不会散去。倒不如说是时代终于开始意识到那些文化的魅力所在。

读谷的工匠们制作着色彩艳丽的琉球玻璃，八重山的妇女们坐在纺织机前孜孜不倦。传统的手工艺通过各种各样的形式得以发扬光大，极具冲绳特色的创作开始在各地萌芽。

不仅如此，还有将武士的浪漫传承下来的古城，继承了传统智慧的古民居……伴着三线吟唱起悠扬的琉歌，现在就启程去往那个迷人的冲绳吧！

1520
尚真王先后击败石垣岛、久米岛，与那国岛和宫古岛等按司的势力。

1537·27
尚清王即位后，攻取奄美群岛，由此琉球王国的势力终于扩张到整个琉球列岛。

1542
葡萄牙舰队来访琉球。这是欧洲人的首次来航。

1570
南洋贸易被废。琉球送走了派往暹罗王国的最后一班交易船，此后再无商船只来往东南亚。

1587
明神宗怠政，朝廷内部的朋党之争愈演愈烈，外强趁势来袭，边患严重。

1609
明朝天灾人祸不断。日本萨摩藩的岛津氏得到德川家康的出兵许可，率兵三千人攻打琉球，尚宁王被掳，被迫与萨摩签订「掟十五条」和约承认藩属关系。不过萨摩为继续获得与中国贸易的利益，仍承认琉球为中国的属国。这种复杂的两属体制一直延续到 19 世纪。

1616
爱新觉罗努尔哈赤建立清朝（国号大金，史称后金。后改大金为清）。日本萨摩聘用的朝鲜陶艺工人开始在琉球涌田村传授制陶技术。

1636
萨摩废「琉球国王」称号，改称「琉球国司」。

1637
萨摩藩开始在宫古·八重山征收人头税和各种贡品，琉球人遭受非常沉重的压榨。

1570
明朝内忧外患严重，德川幕府开始锁国。

1587
尚丰王之子尚贤遣使臣向明朝请求袭封为琉球国王，但因中国大乱，海盗阻隔道路，使臣无法归国覆命。不久明朝灭亡。明将吴三桂请清兵入关。清顺治帝迁都北京，后逐步统一中国。

OKINAWA
冲绳的
历史

首先从了解它的历史开始吧。

在日本明治政府设立『冲绳县』以前，这里曾是一个独立的国家。

753
僧人鉴真东渡日本，传播佛教，曾至阿儿奈波岛（琉球本岛）停泊。

1187
古琉球群岛从原始社会步入早期的氏族社会，被称为『按司』的豪族在琉球各地筑城。最后按司舜天占领了浦添这个最有力的据点，建立了琉球史上第一个封建王朝，舜天王朝。

1350
琉球本岛被三股势力瓜分，分别为浦添按司察度建立的中山国，以及大里按司承察度在南部建立的南山国，史称『三山时代』。

1372 1383
明太祖朱元璋派遣使臣杨载携带诏书出使琉球，中山王察度首先领诏，向明朝称臣，从此每年向明朝政府进贡，并奉行中国年号，启用汉文。之后北山王怕尼芝和南山王承察度也相继向明朝进贡，确立了琉球与明王朝的藩属关系。

1392
朱元璋赐闽人三十六姓人家移居琉球，史书记载：『知者，授大夫长史，以为朝贡之司，习航海者，授通事，总为指南之备』。

1406
尚巴志攻陷浦添城，夺取中山王位，泰父思绍为王，并迁都首里城，此后中山王还派人进入明太学就读。

1429 1416
尚巴志先后攻陷北山国王城和南山国王城。至此三山统一，琉球王国正式诞生，史称『第一尚氏王朝』。次年明宣宗册封尚巴志为王，改『中山』国号为『琉球』。

1463
琉球王国向马六甲海峡派遣了贸易船只，以中国为首的东南亚贸易开始兴起，琉球王国也进入了商业发达的黄金时代。

1470
金丸在首里城发动武装政变，夺取政权后，改名尚圆即位，建『第二尚氏王朝』。

1476
尚圆薨　次年尚真即位。

| 1853 | 1866 | 1871 | 1875 | 1879 | 1894 | 1898 | 1901 | 1916 | 1943 | 1945 | 1947 | 1951 | 1972 |

1853 美国海军准将 Matthew C. Perry（佩里）的舰队到达琉球，次年与琉球王国政府谈判，以中、英两种文字正式签订条约，开放那霸港口。

1866 清朝遣使往封尚泰为琉球国王。这也是最后一位获得清朝册封的国王。

1871 清政府衰落，琉球宫古岛岛民上缴年贡的船队在归途中遭遇台风，漂流至台湾东南部，3人溺死，54人被台湾原住民杀害，史称「牡丹社事件」。日本借机挑起争战，兵临琉球，废除国王，另立国王，称琉球国王为「琉球藩王」。禁止琉球接受满清册封，废除中国年号，改为明治年号。

1879 日本将最后一位琉球国王尚泰流放到东京，置琉球为冲绳县。此后日清两国关于琉球的主权争议一直持续不断。

1894 中日甲午战争爆发，并于次年以中国战败告终，「马关条约」的签订，使中国在琉球群岛的主权问题上更加失去发言权。

1898 日本政府征召琉球人服兵役。

1901 最后一位琉球国王尚泰客死东京。

1916 全冲绳教师大会要求禁止在学校说琉球语。

1943 由美、英、中、苏四国首脑参加的开罗会议约定由美中共同托管琉球群岛，由于中国受内战的影响，因而此事多为美国主管。

1945 第二次世界大战后期，美国进攻并占领琉球，日本战败，无条件接受「开罗宣言」和「波斯坦公告」。

1947 联合国通过「关于前日本委任统治岛屿的协定」，把北纬29度以南的琉球群岛交给美国托管。

1951 美日在没有中国代表参与的情况下签订「旧金山和约」，把琉球的「施政权」转给日本。

1972 日本重新恢复对琉球群岛的统治。

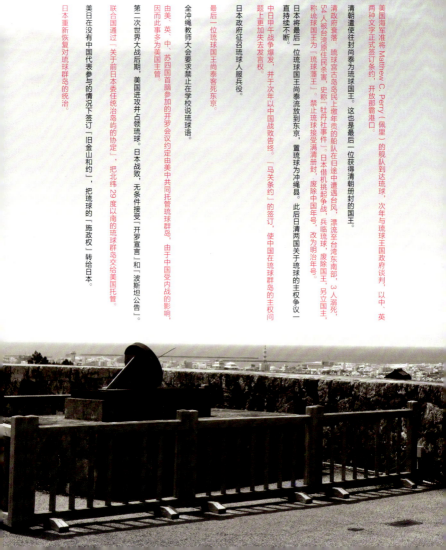

1647
清朝重赐琉球使者遣归，王尚贤卒，弟尚质自称世子，向清朝遣使归诚。
开编纂琉球第一部史书「中山世鉴」。

1650
开始编纂琉球第一部史书「中山世鉴」。

1654
琉球摆脱了萨摩藩的控制，感念中国，主动遣使臣到中国请求册封。清顺治皇帝封琉球王为尚质王，并定二年进贡一次。

1660
琉球首里城失火全毁。

1662
清朝遣使赴琉球，成琉球国王之封礼。

1672
重建首里城。

1682
康熙帝遣使前往琉球国，册封尚贞为王，赐御书「中山世土」匾额，并带回多王者子弟来中国就学。尚贞将散布各地的陶器工坊集结到了琉球的壶屋町，意图振兴陶器产业。

1701
蔡铎始撰「中山世谱」。

1712
萨摩同意尚敬王恢复「琉球国王」称号。

1745
郑秉哲（伊佐川佑实）始撰「球阳」史书。

1771
琉球宫古岛、八重山群岛遭遇大地震并引发超过80米高的海啸袭击琉球列岛，约有12000人在此次海啸地震中丧生。

1786
马国器（与那原良矩）等人奉命制定琉球科律。

1840
英舰入侵中国，第一次鸦片战争正式爆发。

倘若翻开地图，你会发现冲绳恰好位于日本九州岛与中国台湾省的中间地带。这个特殊的地理位置，决定了冲绳特殊的历史背景。正如年表所记载的，直到一百三十多年前，冲绳还是一个名为"琉球王国"的独立国家。

说起琉球的历史，首先不能忽略的就是它曾是一个出色的贸易国家。尽管那时它只是个小小的岛国，但在那个群雄割据的时代，它仍与中国（明朝）进行着繁盛的贸易往来。虽然琉球王国的历史是从1429年名为尚巴志的按司统一琉球、登上王位之后才正式开始，但早在1372年，就已经有其他强大的按司势力通过中国（明朝）的册封，确立了与中国的藩属关系，借此获得了巨大的利益。

琉球王国建国之后，进一步扩大了交易范围，除了中国之外，还与暹罗（泰国）、爪哇（印度尼西亚）、马六甲（马来西亚）等东南亚国家建立了贸易关系。这个时代从亚洲各地传来的文化在琉球落地生根，形成了三线（冲绳的传统乐器）、红型（冲绳的传统染色技法）、泡盛（冲绳的传统发酵酒）等等特色，传承至今。这也是泰国米直到今天依然被作为泡盛原料的原因。

尽管如此，今天我们所说的"有冲绳特色的"工艺或者艺术，其实有很多都是因为某个历史事件才孕育而生。比如1609年发生的日本萨摩藩攻打琉球。当时琉球正以中国为中心构筑着国际关系，日本成立德川幕府之后，希望能通过琉球来恢复中日两国长久以来断绝的邦交贸易，但是琉球以中国藩属为由，拒绝了日本幕府的要求。意图扩张领土的萨摩，便在日本幕府的许可之下，向琉球发起了攻击。此后琉球被萨摩藩所控制，间接引入了日本的幕藩体制。同时萨摩为了获得和中国的贸易机会，也继续承认琉球为中国的属国。琉球也因此成了一个同时藩属于中国和日本的特殊国家。但琉球王国并没有因此而衰退，甚至可以说，正是因为同时吸收了中日两国传入的文化之"美"，琉球才迎来了文化空前繁荣的时期。

1630 年琉球设立了管理工艺绘画等职业人才和工具的"贝擦奉行所"，大大提升了琉球漆器的品质。1682 年，琉球首个烧窑区在壶屋诞生（壶屋烧是如今冲绳的特色工艺品）。1719 年，为了接待中国来的册封使，琉球舞蹈"组踊"（冲绳的特色传统舞剧）首演成功。还有，因为萨摩藩严苛的课税和纳贡，"宫古上布"等如今被视为文化财产的冲绳传统麻织品也因运而生。

正是这些充满浪漫传奇色彩的琉球历史赋予了冲绳动人的姿态。换而言之，这也是冲绳人民在不断变化的时局之中磨练出来的，独一无二的感性所在吧。

从首里城的设计
解读『琉球』

首里城最初登上历史舞台是在 1406 年中山王尚思绍、尚巴志父子将它作为据点开始。自 1429 年尚氏父子统一琉球之后，首里城一直担负着历代国王的居住地以及琉球政治文化外交中心的重任。直到 1879 年被日本明治政府占据之前，首里城度过了 450 多年值得夸耀的光荣岁月。它曾数度被毁又被修复。直到 1992 年，部分遗址才开始对游客开放。

即使几经战火，遭到毁灭性的破坏，首里城也还是被完好地复原成了现在的模样。而它所象征着的『琉球』之姿，究竟又是怎样的存在呢？

守礼门

　　位于首里城外廓的中国式牌坊，是琉球国王和官员迎接中国册封使的地方。采用三间四柱重檐歇山顶，上砌红瓦。门上的"守礼之邦"牌匾为明朝万历皇帝所赐。曾在二战期间被炸毁，于1958年修复。

南殿

　　位于首里城正殿前方的御庭南侧，建于1621年~1627年，是接待日本萨摩藩使臣的地方。建筑采用日式风格，没有华丽的雕刻和装饰。

御差床

　　位于正殿二层内部的国王御座，色彩浓重装饰绚丽。上方悬挂的"中山世土"牌匾为清朝康熙帝所赐。

书院·锁之间

　　位于南殿深处的日式庭院和茶室，用于招待王族和政府官员，这里也是用来休息和畅谈事务的地方。

经过奉神门，来到御庭，矗立在眼前的这座冲绳最大的木制建筑，便是首里城的正殿。视野里涂满了鲜艳的正红色，这幅光景真叫人不自觉感叹道："这不就是中国的宫殿吗……"

但凡来冲绳旅游的人，几乎都会来首里城走一走。这座被认为是琉球王国最大遗迹的古堡，在1992年大规模的复原工作完成之后，终于从战火的废墟中苏醒了过来。尽管大量史料的丢失对复原工作造成了极大的困难，但在绵密的调查和不懈的研究之下，烧毁前的首里城最终得以完美重现。如今，我们可以在这里一目了然地看到琉球王国的华彩风姿。

压倒性的"红"，展示着与中国的深厚关系。

伫立在高地之上、俯瞰着那霸市区的首里城，大致可分为外廓与内廓两个部分。大部分建筑物都集中在古时建成的内廓，其中尤为重要的，则是国王处理政事和举行仪式用的正殿，以及位于正殿前方的中庭广场：御庭。

不同于日本传统的古代城堡，首里城的建筑设计深受中国建筑风格的影响。不仅将门柱、墙壁等装置部件都涂上鲜亮的朱漆，还在很多地方都使用了在中国象征着王权的"龙"样装饰。正殿采用的歇山式屋顶更是中国古代的建筑特色之一，基石则采用从中国进口的大青石建造。因此难免有人说，首里城的构造有模仿北京紫禁城的嫌疑。种种迹象都表明，中国对琉球这个小国造成了极大的影响。

首里城在历史的洪流中曾数度被毁和重建。现在我们所看到的建筑，是对18世纪重建的首里城进行复原的产物。虽然那时正是日本对琉球加深影响的时代，但受到中日两国影响的琉球，也正是从那时开始将自己独特的文化发扬光大。正殿在中国的建筑风格基础上，融合了日本古建筑中最常见的唐破风屋顶装饰，同时又结合红色与黄色的牡丹、狮子彩绘，以及烧制的彩釉龙头，组合成了琉球王国风情独特的宫殿外观。

而以正殿为中心，将御庭夹在中央的两侧建筑风格迥异，看起来更是意味深长。北侧的北殿有着壮观的红墙，在用于政务的同时，也是用来接待中国使节的特别场所。而另一边，南侧的南殿则是非常素朴的原木色日式建筑，内部的书院·锁之间还设有和风茶室和日式庭院，日本萨摩藩的使臣到来时便在此地进行接待。针对不同的国家建造相应的建筑，这一史实也突显出琉球这个岛国所拥有的卓越的外交技巧。

另外值得一提的是，首里城既是琉球王权的政治中心，同时也是王室生活的居所。复原工作告一段落后，我们所能够看到的，仅仅是作为政府机能使用的一部分首里城。而在正殿后方，还有一个专门的私人空间被称为"御内原"，那里曾居住着琉球国王和他的王室家族，以及侍奉着王室的仆人们。这个禁止国王之外的男子入内的区域充满了神秘的气息，如同不为人知的"另一个首里城"，它的复原工作正刚刚开始。

※ 开放时间：

8:00-19:30（4-6月、10-11月）

8:00-20:30（7-9月）

8:00-18:30（12-3月）

以上为免费区域的开放时间。付费区域的开放时间请查阅官网。

🌐 http://oki-park.jp/shurijo-park

日本传统音乐之中，琉球音乐是重要派系之一；日本流行音乐之中，"冲绳系"又是重要代表；而日本传统乐器里，『三线』自然存在感极强。冲绳本岛距东京1700公里，这里的音乐文化却以其强烈的存在感影响着日本全国，特色极为浓烈，又附着着永不被磨灭的幽远之美。正如这片海岛及其诸岛在亚热带海平面上形成的美丽弧线，遥远且环抱……

冲绳音乐源自琉球王国，主要分为琉球古乐、冲绳民谣、冲绳系流行乐三个部分。

OKINAWA
冲绳的
音乐

2012年3月4
主会場 読谷村文化センター鳳
第1部 午前11時45分〜
第2部 午後2時45分〜

Text / 莎兔比亚

琉球古乐

琉歌

顾名思义，琉球古乐源自古代琉球王国的宫廷乐曲，多为宫廷内部的演奏和节日庆典演奏。琉球古乐保持着独有的"琉球音阶"，用现代国际音阶表示的话即"do、mi、fa、so、si"这五个音，在仅有这五个音阶谱成的乐曲之中，自然流传出独具一格的旋律。这种琉球音阶源自中国古乐的"宫商角徵羽"，传到了琉球王国之后由于地域的改变，音阶的用调自然也有所变化。而所有的琉球古乐中都以乐器演奏为主，人声吟唱为辅助，吟唱部分全部保留琉球方言（Uchina Guchi），这是此地独有的方言，完全不同于日语，所以现代日本人几乎无法听懂古乐的含义。有部分对古乐和冲绳古语有研究的人会专门学习，而直到今天大多数人欣赏古乐也只是"领会精神"。

其中常见的古语吟唱词有："I—YA—SA—SA——""AN—SO—RE——"等，即便在现代音乐里也会稍微使用，以营造冲绳氛围，含义多为"欢呼""欢迎来客"等意思。

琉歌的演奏乐器也十分独特，其中最为主要的乐器是"琉球三线（Ryokyo Sanshin）"，三线于15世纪从中国福建地区传入琉球王国，由中国的三弦改良而成，以特质的爪（TSUME）来弹奏（爪多为牛角制品），虽然只有三根弦，却能营造出圆润的音色。琉球三线表面由蛇皮制成（最早制作三线所采用的蛇皮是大到可以吞掉一个人的巨蟒的皮，这种蛇皮并不是冲绳本土产的，而是在与东南亚邻国的贸易中获得的，后来才渐渐开始使用冲绳当地蛇皮制作）。后来传到日本本岛，经过再次改良，被称作"三味线"，蛇皮改为山猫皮（因为琉球群岛盛产蛇类，所以蛇皮很多见，而在日本本岛蛇皮是非常精贵的），在音色方面会比琉球三线更显尖锐，富有疾走感（所以后来日本本土三味线会经常跟摇滚乐进行结合）。三线几乎是冲绳当地的传家之宝，几乎家家墙上都要挂着几把，几乎家家都有人会弹奏。在冲绳当地的旅游纪念品商店中，三线也是很有人气的商品之一，不过要想买一把正宗的蛇皮三线需要三万日元以上（约人民币2000元），所以时常会看到便宜的仿制品（普通皮革制成的纪念品三线，售价五千到一万日元不等）。

除了三线之外，琉歌中必备的古典乐器还有扁鼓（分为平太鼓和缔太鼓，有不同的音高）、三板、琉球筝、胡弓、琉笛、拍子木、四只竹、指笛，等等。其中琉球筝、琉笛、胡弓只在宫廷琉歌演奏中使用，民间琉歌是从来不会使用的。而目前还在沿用的常见古典乐器也只剩下扁鼓、三板和指笛了（顺便说下，指笛是目前冲绳地区小学生音乐课常常学习的乐器，有点类似我国的竖笛，也是冲绳乐器纪念品的人气商品）。

在古乐之中，一部分经典的戏剧乐曲、大众民谣、宴席歌谣以及童谣，被代代相传下来，后来人们为了更方便串场而加入了现代日语词，即白话歌词，让所有人都能听懂、传唱……而一些致力于向国民和全世界传播冲绳音乐的歌者，开始保留民谣曲风和唱腔，同时尝试加入现代歌词，于是便有了如今广为人知的冲绳民谣——岛歌。

　　● 经典琉歌

　　《短歌》

　　《仲风》

　　《长歌》

　　《口说》

岛歌

　　确切地说，在日语里，"岛歌（島唄）"应该属于奄美大岛和鹿儿岛的当地民乐，虽说发源地是琉球岛歌，但在奄美大岛和鹿儿岛更被广泛传唱，这一点在地域上有很长的延伸。所以从当代活跃范围来看，岛歌属于奄美大岛和鹿儿岛，而从音乐文化的起源来说，冲绳岛歌也涵盖了"奄美岛歌"和"鹿儿岛歌"。早期，岛歌是作为献给神的歌曲，在祭祀中使用。其内容也与颂扬神明和表达祈祷者的愿望有关。后来亦出现劳动号子、教育后代和表达爱情之类的内容。所以确切地说，琉歌进化为岛歌，而日本本岛的古典音乐称为"和歌"。这一方面，岛歌与和歌在音律上有很大区别。岛歌与琉歌的音律都是8、8、8、6，而和歌的音律是5、7、5、7、7（能剧也是如此），此外日本民谣的音律是7、7、7、5。岛歌的特色是有着极广的音域，复杂的转音技巧，一段固定音阶上可以有不偏离原音阶的多个转音唱法，这是其他歌唱方式中都不会存在的独特唱法，也得以显出演绎岛歌的难度。

而岛歌的流行化，让三线这等古典乐器有了新的演绎方法——"一五一会"。读音与日语的"一期一会"是相同的，其实就是三线与吉他结合之后的产物。如今这种演奏方式已经非常普及，所以一五一会也成为一种演奏方式的代表称法。其中冲绳民谣的代表人物喜纳昌吉就是最早尝试把三线与插电吉他合奏的先驱者，而后冲绳当地的诸多乐团也都开始把三线民谣与摇滚乐团结合，创造出了即使是冲绳之外的日本本土以及世界领域都可以接受的冲绳民谣。

1990 年日本知名乐团 THE BOOM 的成员宫泽和史初次到冲绳取材，将一首原创的冲绳民谣《一百万颗泪珠》收录于第三张专辑中，之后宫泽又多次来到冲绳，当地的美景和古朴的民风以及战争留下的伤痛回忆都深深触动着他，于是他把这些所见所闻融入音乐中，作出了改变了冲绳民谣在世界上的地位的重要之曲——《岛歌》。这首歌收录在 THE BOOM 的第四张专辑中，用冲绳方言演唱，狂卖 150 万张，并迅速在日本国内被推广开来。1994 年，牙买加的 Reggae 歌手 YAMI BOLO 翻唱了此曲，之后又有中国歌手艾敬、周华健、梁静茹以及英国的古典跨界美声歌手 IZZY 等人陆续翻唱，《岛歌》令冲绳民谣由此走向了世界。而喜纳昌吉的《花》也被周华健翻唱为《花心》，由此大红于中国华语乐坛。此后诸如坂本龙一这等大师级人物也对冲绳民谣产生了兴趣，重新编曲了家喻户晓的《安里屋之歌》，将其电子化并邀请 NENES 乐团合唱，成为了诸多海外乐迷对冲绳民谣的入门曲目。而这里提到的NENES，是由四位冲绳当地的女歌手（古谢美佐子、吉田康子、宫里奈美子、比屋根幸乃）组成的合唱团体，专门演唱岛歌民谣，在 20 世纪 90 年代对冲绳民谣在日本流行乐界中的推广起到巨大的作用，虽说在 2000 年之前就解散了，以至于现在的青年乐迷中知道她们的并不多，但正是她们的存在以及之后被诸多音乐人赏识而把民谣带进当地 club 酒馆的演出经历，让"冲绳系"流行乐这一新流派得以诞生。

● 经典冲绳民谣

《童神》U.F.O

《岛歌》THE BOOM

《花》喜纳昌吉

《安里屋之歌》NENES

《初恋》古谢美佐子

《泪光闪闪》加藤登纪子

《甘蔗田》森山良子

其实冲绳系流行音乐在 20 世纪 90 年代对日本音乐界起到了巨大的影响，当然其音乐本体也是源于民谣的。冲绳本土音乐有着辽远悠长、发声独特、柔中带刚等特质。而冲绳民谣之所以有了流行乐方面的进化，源自二战结束之后美军入驻冲绳，那个时期大量西方文化流入冲绳（即便是如今，在部分地域仍由美军统治的现状之下，冲绳依然是本土风与美国风并存的独特之地），冲绳人对西方音乐的直观认知迅速成长，而 1972 年起冲绳又归于日本统治，也让日本的文化和信息大量涌入，两种文化相撞而产生的化学反应就是"结合与创新"。

前面提到的 NENES 的制作人是一生致力于冲绳音乐推广和制作的知名定男，他在培养 NENES 的时期创建的独立厂牌，为冲绳系流行乐走向世界开启了大门。也正是因为他大胆地在冲绳民谣中加入了 Reggae、Rock 等元素，才让当地越来越多的年轻人敢于颠覆民谣、创造出新的音乐风格。他的名言是"我不喜欢直白地表现岛歌，我要演绎出自己的语言"。这人被称为天才，他经手的唱片在冲绳当地创造了奇迹般的销量，另外他改编了邓丽君的《何日君再来》这首歌，也令岛歌的唱腔在国民心中有了强烈的存在感。

美军驻扎年间，对冲绳当地音乐文化产生最大影响的便是Jazz与Rock，在当地除了延续着浓郁的琉球王国的气息之外，诸多Jazz酒吧和Rock LiveHouse也十分流行，此外加上一部分专注Reggae多年的音乐人，这三大派系最为强烈地影响了冲绳系流行乐的进化。由此越来越多的音乐人把冲绳民谣作为创作素材，加入流行元素，使音乐不仅独树一帜还具有鲜明的流行乐特色。当时也有一段时期内，将爱尔兰音乐融入民谣中的音乐形式大受欢迎。而到了20世纪90年代末期，小室哲哉的慧眼注意到冲绳当地偶像音乐人才辈出的现状，令DA PUMP、安室奈美惠、SPEED等本土J–POP歌手迅速崛起，更将"冲绳系"这块金字招牌擦亮，在日本国内迅速掀起"冲绳系"的狂潮。

当然在冲绳系流行乐盛行的时代，也有夏川里美这种保持着原始民谣唱腔，只演绎抒情歌曲的歌手存在。很有趣的是，虽然作为冲绳系代表的歌姬，但她唱腔并不岛歌，跟神谷千寻、调皮鬼、元千岁等保留着岛歌唱腔的歌手相比，夏川里美的唱腔趋于普通的POP系，倒是在配乐和选曲方面保持着对冲绳民谣的坚持。而另一组冲绳代表系的组合Kiroro也同样如此，唱腔和作曲都趋于日本本土J–POP，与冲绳相关的也只有其出生地而已。倒是Cocco这种同样走上了东京发展唱片之路，还坚持着自己对民谣的专注，加入纯粹的Rock，几乎不奉承于POP市场，这便让他们总是被冠以"个性""独树一帜"的标签。

除了出生于冲绳的名人影响了其家乡的知名度之外，在冲绳本土把音乐做到走向全国的歌手和乐团更为令人敬佩——他们是真正对冲绳系作出实质贡献的音乐人。诸如 BEGIN 和 HY 还有 Mongol800 这种老牌乐团，虽然他们之于音乐界的影响力已经遍及日本全国，虽然他们的唱片销量和知名度都足以走进东京，但这几个乐团依然常驻冲绳，每年两度全国巡演，也只在年末和偶尔的独特盛典中才去"MUSIC STATION"露个脸，平时无需音乐节目的宣传，也自然有千千万万去追捧其作品的乐迷存在。这样的歌者成为了让冲绳系至今屹立不倒的领袖般的存在。所以现在的冲绳系，是集结传统的民谣与国际化的曲风复合而成的，有着更广阔探索深度的乐风而存在着，如果说 J-POP 代表着日本，那么 OKINAWA-POP 则可以带领着日本音乐探索世界。

● 经典冲绳系 POP 曲

《相恋》BEGIN

《歌之岛》调皮鬼

《小小的恋情》Mongol800

《NO MORE CRY》D51

《月下美人》ji ma ma

《树海之丝》Cocco

《AM11:00》HY

OKINAWA

冲绳的
玻璃制品

来到冲绳，自然不能错过当地特色的玻璃制品。

朴素温馨的形态充满了生活的气息，鲜艳明亮的色彩令人心情愉快，而每一件制品均为手制的那份独一无二，更是突显出它的特别。

诞生于明治时代的琉球玻璃，是冲绳最具特色的传统工艺之一。追溯它的历史，你会再次发现冲绳人民在动荡的时局中所展现出来的积极魅力。

第二次世界大战之后，冲绳的很多地方都成了废墟。由于资源的匮乏，冲绳当地的居民便开始捡拾美军丢弃的空玻璃瓶。从最初只是将瓶子的上半部分割断，使用瓶子的下半部分作为水杯，到后来发展成以废玻璃瓶为原料进行再生加工，制作成药瓶、煤油灯等各式生活用品，琉球玻璃开始以一种独特的姿态融入冲绳人民的生活之中，从"不得已为之"变成了"物尽其用"，因此说它是冲绳人民在逆境中诞生的智慧结晶也不为过。

而以这种无心插柳的方式诞生出来的"美"，或许就是时代给予这个历经磨难的岛国的最好的馈赠。由于当时制作环境简陋，琉球玻璃的再生加工过程仅仅是通过熔炉高温熔解，再由人力手工吹制而成。而捡拾的玻璃瓶原料又大多是可乐瓶或啤酒瓶之类的有色玻璃，加上并不先进的工艺技术，便导致吹制出来的琉球玻璃有着炫丽斑斓的色彩，同时伴有大量的气泡。这份未经细腻雕琢却足够动人心扉的天然之美，就像冲绳的海洋一样令人感到舒服而又亲切。当它们陈列在眼前，那闪耀着灵动光辉的幻彩与澄澈就好像将南国炎热的空气冷却了一般。柔和之中，还透着几分清爽的凉意。透明的玻璃映衬着周围的风景，会令你觉得连光线都变得美妙起来。

如今，琉球玻璃已经是冲绳的关键词之一。许许多多的玻璃工匠，在祖辈们无意中发现的艺术宝藏基础上，加入了越来越丰富的创意和独特的理念。有的工匠追求原始的绚烂，有的工匠追求玻璃本身轻薄与纯净的质感，还有的工匠追求与众不同的动人形态，或是源于生活用于生活的实用性。琉球玻璃正渐渐开始形成百家争鸣的各式流派，艺术的不断升华，使这一传统工艺得到进一步的发扬光大。

在冲绳各式工坊集中的读谷村，有许多玻璃工坊都对游客开放。

制作现场飘荡着简洁严谨的空气。一架高温熔炉，一两位制作工匠，几把特制的工具，再加上一个简单的制模操作台，便达成了一间玻璃工坊的标准配置。

熔炉的温度大约为1300℃。工匠们在这个酷热的环境中汗流浃背地辛勤工作着，一件器皿从头到尾的制作步骤均由一个人独立完成。

在参观玻璃制作过程的同时，你也可以花10分钟亲自吹制一个玻璃杯。热情友善的冲绳人，非常乐意将祖辈们流传下来的智慧手把手地传授给你。在结束冲绳之旅的时候带回一只在当地亲手制作的玻璃杯，又何尝不是一件最好的旅行纪念品呢？

OKINAWA
冲绳的
纺织

那霸红型、首里织、大宜味村芭蕉布、读谷山花织、南风原花织、宫古上布、宫古麻线、八重山上布、久米岛织……一直以来，冲绳都因为各种独特的传统纺织工艺而被称作织布的宝库。将生活中随手可得的素材纺成纱线，再用漫长的时间将它们织成布匹，『纺织』这一传统工艺，在冲绳的女性世界里散发着夺目的光辉。而若想了解冲绳纺织文化的起源，便不能不提有着悠久纺织历史的八重山群岛。

八重山群岛位于冲绳本岛西南方向，以石垣岛为中心，二十多个小岛连接着蔚蓝的海洋，散布着世界上屈指可数的美丽珊瑚礁海域。

对于在这里居住的女性来说，纺织是一个非常特别的存在。过去，每当做完一天的家务，这里的女性就会开始纺织。在那个时代，女人亲自织好自己日常所需的衣饰物品，是一件理所当然的事。除此之外，家人穿的衣服，也都由女人们亲手纺织完成。纺纱、织布、印染……这些都曾是每一个八重山女性日常生活的一部分。

听说过"八重山MINSA"吗？MINSA是一种织物的名字，起源不明，据说在遥远的阿富汗也有着同样的织物，所以也流传着"它是经由丝绸之路传至中国，再由中国传播到琉球"的传说。在冲绳，MINSA的"MIN"意思是"棉"，"SA"则是指"狭窄、细长的布带"。所以MINSA便是一种用棉线纺织成的布带，最大的特色是使用100%的棉材料，将棉线染成蓝色或是其他的植物色，织出的纺织品厚度适中，样貌纯朴却极有质感。

在蓝色的染布上留出的白色格子图案，意味着什么呢？

古时候，八重山的女性都会将自己亲手织的MINSA作为婚姻的信物赠送给心爱的人。这样的MINSA上通常都会有一种特别的花纹，那是在印染的时候，在蓝色的染带上特别留出的不染色区域，由五个格子或四个格子组成的白色花纹交错排列着，取日文"いつ

154

の世までも末永く"的谐音（"いつ"的发音同"五"，"世"的发音同"四"），意为"永远相随"，寄托了八重山女性托付一生的心意。

而除了如此浪漫的织物，八重山也有从悲痛历史中诞生的纺织品。1637 年，侵占琉球的日本萨摩藩将每年的进贡改成了按人数来征收的"人头税"，十五岁到五十岁，除官员和身体残障者以外，全部要纳贡。男人要缴纳谷物，女人则要缴纳织布。岛上的人们为了生产纳贡的物品，起早摸黑，万分艰辛。为了完成残酷的定额，女人们被关在屋子里禁止外出，每天都在纺织机前拼命地劳作。在这种情况下，纺织技术不断地磨练，完成度也很快得以提升。如今被视为竹富岛和石垣岛最具代表性的纺织品"八重山上布"，便是那时的八重山女性所纺织出来的贡品，以白底和碎白点花纹为特征，素净之中又透着清新的凉意。

人头税这一苛政一直延续到明治时期才被废止，八重山的女性们也总算可以摆脱沉重的税赋，尽情纺织自己真正想织的东西。为了家人而诞生的纺织品们，终于回到了八重山。

咔啦、嗒嗒。咔啦、嗒嗒。正是午后时分，在竹富岛的村落里，纺织机发出的声音在心中激起一阵阵回响。"以前到处都是纺织机的声音，好像大家都在比赛似的，甚至连晚上睡觉的时间都没有。"当地的老人笑着这样说。

现在，由于穿着习惯的改变，除了专门的纺织匠人或艺术家之外，还在继续纺织的人已经少了很多。但对于八重山群岛的女性来说，大部分仍然对纺织充满了憧憬和向往。因此渐渐地也有一些女性开始在家中购置纺织机，一点点重新熟悉古老的浪漫文化。"虽然很耗时间，纺织的过程也很不容易，但亲自操作之后，就更加会感叹古时候的人真的很伟大呢。"当地的年轻女性这样说着，露出纯真可爱的笑容。

咔啦、嗒嗒。咔啦、嗒嗒。在纺织机来回运作的声响中，我们仿佛看到了时代传承的动人轨迹。坐在纺织机前的认真而又专注的冲绳女性们，仿佛也和冲绳美丽的姿态融为了一体。如果你有机会见到她们，不妨静静看、细细听。

冲绳的
古民居
OKINAWA

由于特殊的历史环境，冲绳自古就有着非常多姿多彩的住宅形态。古民居、美军住宅、新式混凝土建筑……每一种建筑样式都充分反映着冲绳的精神与文化。其中尤为特别的，便是体现了古代琉球人民智慧的古民居。

位于台风多发地带的冲绳，自古便以红瓦石墙的独特民居建筑闻名。

屋顶先铺一层竹篾，然后堆上厚实的泥土，再用红瓦压盖，最后用白灰泥加固。红白分明的色调成为一道美丽的风景，而屋顶的重量又使住宅更加安定，泥土的部分更是具有除湿和加湿的效果。

石墙则采用了以珊瑚为原料的石灰岩，先将它们碎成大大小小的不规则形状，再在保留空隙的基础上，一块块仔细地堆砌而成。石墙间的空隙可以很好地分散风压，因此这样的建造方式不仅可以抵御台风，还可以很大程度地防止石墙坍塌。这项工作非常考验技巧，所以古时候不管哪个村落里都会有几位特别精通砌墙技术的工匠。

另外，住宅入口处的屏风墙也非常重要。当地居民将其视为"阻挡恶灵从正面入侵"的精神屏障。

古老的琉球人民将石墙和屏风都建造成恰好可以阻挡行人视线的高度，这样做不仅可以保护居民的隐私，也不会给邻居和行人造成闭塞感，因而营造出了一个无论对自身还是对他人都非常舒适的生活空间。

这样的考虑，在主屋的构造上也得到了进一步的实践。冲绳的古民居没有玄关，或者说没有专门设计某个迎接客人入内的地方。不管是谁，都可以通过常年开放的外廊自由出入。这是因为古时候的人们都维持着与他人共同分享作物的生活方式，邻居的存在等同于家人，门户大开的做法，或许就是表达彼此信赖的一种方式吧。

无论是在家中惬意地休息，还是与客人愉快地谈心，开放式的外廊将岛上居民淳朴舒畅的生活联系在了一起。

而为了守护这一特别的外廊，屋檐的设计也煞费苦心。长长的屋檐构造，被称为"雨端"，是冲绳古民居的传统建筑式样，它可以形成一片宽广的半室外空间和深远的出檐阴影，雨天能够遮挡雨水，晴天则能遮挡冲绳强烈的日照。

对于古时候的人们来说，每一天的生活都从在外廊上喝茶静坐开始，意味着"随时欢迎你的到访"，即使到现在，仍有不少上年纪的人维持着这一习惯。隔壁的老奶奶悠闲地晃过来，在外廊上不经意地聊一聊天，然后愉快地返回家去，这便是古民居村落的日常风景。

现在的伊是名岛大约有800户家庭，其中的200户都是古民居。经年累月的珊瑚墙已经变成黑色，绿意盎然的植物扎根其中，与石墙自然地融为一体。每到四五月，更是孤挺花与铁炮百合盛放的时节，繁花似锦，装点着古老的村落，更显别样风情。

而在位于石垣岛西南方约6千米处的竹富岛，至今也保留着古民居的传统风貌和生活文化。一户户以石墙包围的红瓦民居形成了靠近岛中心的"井"字形村落。日落时分，正是竹富岛一天之中最美的时刻。周遭传来野鸟婉转的鸣叫声。夕阳映照的海面泛着白色的光，用琉球赤瓦建造的屋顶被余晖染得通红。在某一户古民居的外廊稍坐歇息，时光就变成了画，每一分一秒，都无声动人。

龟甲墓
Kameruku Baka

外形像乌龟壳，但其实是仿照女性的子宫来建造的，象征着一人死后回归孕育了自己的地方（母体）。

火之神
Himikan

守护日常生活的神灵，年末时升天，并在次年一月4日再度降临人间。冲绳人会在厨房的高处设香炉和烛台，秋毫供奉。

OKINAWA
冲绳的
传统信仰

石敢当
Ishigantou

立于街巷之中，特别是丁字路口苇路冲处的道路零或是住宅的墙上，是从中国传入的习俗，可以化煞辟邪。

三结
Sanmusubi

冲绳人相信，将墓蒨缠绕成结可以辟邪。小孩在夜晚外出的话会将这种结随身携带，而在给神灵上香进贡的时候也会在旁边放置这样的结。

在冲绳，存在着祖先崇拜、『Niraikanai』等独特的信仰。岛民们正是依靠着这些信仰，支撑着他们豁达纯粹的心。

うちかび
Uchikabi

盂兰盆和清明祭时燃烧的纸钱，同样也是中国传入的风俗。

ニライカナイ
Niraikanai

位于蓝色海洋远方的理想乐园，是幸福之神的居所。冲绳人民相信，人类的灵魂是从Niraikanai来到这个世界，死后也会再度回到Niraikanai。

在冲绳，你会发现当地的信仰和风俗习惯与日本的大多数地方都不一样。相反，有很多习俗还能看到中国的影子。

　　在这片土地上生活的人们，将对祖先的崇敬视为生活中最重要的部分。他们相信祖先的在天之灵会保佑后代平平安安，劳作丰收。这种特别的祖先崇拜，在冲绳人民生活中的各个方面都得到充分的体现。比如当地很气派的龟甲墓，便是为了给祖先准备一个"死后的家"而建造的。而每到农历三月，冲绳人也会像中国人一样过清明。在被当地人称为"清明祭"的日子里，家人们会聚在一起，带着精心制作的料理，在祖先的坟前举行小小的家宴，席间还会唱歌跳舞，冲绳人用这样的方式来表达"想与逝去的祖先一同共度合家团聚的幸福时光"的心情。除此之外，还有石敢当、三结，以及烧给亡者使用的纸钱等风俗，都是从古时的中国传到琉球，而后在不知不觉之间，融入了当地，成为冲绳人民生活的一部分。

　　除了祖先崇拜之外，另一个非常重要的传统信仰，则是存在于大海彼方的理想乐园"Niraikanai"。在冲绳人民对这个世界的印象中，不论吉凶，不管好坏，一切无法用常识说明的不可思议的事，都是从海的那一边流传过来的。因此我们不难理解，这种对海洋的信仰会在这里诞生的原因。

　　与此相关的，则是被当地人称为"御狱"的地方。在琉球的神话中，御狱是神明居住或降临的神圣之所。而作为当地祭祀的中心，御狱通常设立在先祖最初埋葬尸骨的地方，或是整个村落最初诞生的地方。因为当地人相信，祖先在去世之后，灵魂会回到

Niraikanai 变成守护神回到子孙后代身边。从这个层面来看，在御狱祭祀祖先，与祖先崇拜也有着密切的关系。

人们会在御狱放置供奉的物品，并为了祭祀仪式建造相应的建筑物，但御狱最本原的样子，其实是除了一个孤零零的香炉之外什么也没有的。这样的古代信仰形态直到今天也仍然完好地保留着。

没有复杂的教典，也没有神秘的宗教偶像，冲绳的信仰形态源于对自然的敬畏和感激，而如今，冲绳人民的生活仍然和这个既丰饶又残酷的大自然紧紧地联系在一起。现在我们所看到的冲绳的信仰文化，之所以还保留着简朴而又纯粹的原始形态，或许正是出于这样的原因吧。

御狱
Utaki

在每个古老的村落里都会发现的在祭祀祖先时举行祭祀仪式的地方。每处的形态各不相同，也有不少地方不设专门的建筑，只放置一个香炉。因为只有女性可以侍奉神主，所以古时候这里禁止男子入内。

冲绳一向有『东方的夏威夷』之称，这个美丽的海岛群有着保护得非常好的海洋原始生态——闪着蓝宝石光芒的极高透明度的海洋、独特的星砂海滩、美丽的珊瑚礁，以及各种亚热带风光。这样一个所到之处几乎都是绝景的度假胜地当然少不了被各路电视剧、电影、广告商青睐。不光是日本，甚至香港、台湾和韩国也经常有剧组到此拍摄。

Photo/ Somedaysooday

OKINAWA

冲绳的
**影视剧
外景地**

极道鲜师 2

电视剧 / 2005

出演：仲间由纪惠、生濑胜久等
拍摄地：屋我地沙滩、古宇利大桥

　　《极道鲜师》系列可以被称之为日剧校园青春热血剧的经典代表之作。女主角山口久美子是一位出生在黑道之家却怀抱着对高中教课生活美好憧憬的热血女性，故事承接第一部白金学院 3 年 D 组顺利毕业后，学校便倒闭了，教导主任猿渡五郎转到了黑银学院，黑银学院虽然有很多优秀的学生但同样也有个让人蛋疼的 3 年 D 组，为了整改这个让人头疼的班级阴差阳错被派遣来的老师就是山口久美子，由此便开启了这第二部热血高中教学生活的篇章。冲绳取景部分是本剧的最终回，告别了黑银高和 3 年 D 组的山口久美子这次被派遣到了偏远的海岛任教，却又碰到了调任到此处教导主任猿渡五郎……故事便在他们你一句我一句的互相挖苦中结束。

　蘑菇头

最后那个走在桥上的场景真的美呆了！海水蓝得像是 P 出来的！是 P 出来的吧？！

女王的教室 SP　特别电视剧 / 2006

出演：天海佑希、志田未来等
拍摄地：与仪公园、那霸市立神原小学、新那霸大桥等

　　2005 年话题日剧《女王的教室》SP 分上下两集，女主角阿久津真矢是一位能够完美无瑕处理任何事情的小学教师，由于施行过于冷酷的教育方式，引发了巨大的社会争议被学校开除，但她离开后学生却开始还念她，甚至有学生屡次去寻求帮助，从而让她想起了过去的自己。而冲绳取景部分正是以阿久津在过去任职学校为舞台发生的事件。描述了在连续剧版里曾出现的"胸口上的疤痕"的背后的故事。

　女王粉

我爱天海女王！要是我十二岁的时候遇到这样一位老师，我现在应该也出息了吧……

原来是美男啊

电视剧 / 2011

出演：泷本美织、玉森裕太、藤谷太辅、八乙女光等

拍摄地：美丽海水族馆、那霸机场、DFS冲绳、国道449号、桃原海岸等

在儿童福利院长大的樱庭美子在修道院修行修女，这本来应该是她生活中最重要的事，但是某一天超人气乐队"A.N.JELL"的经纪人马渊突然来找她，希望她代替因为突发状况不能签约的双胞胎哥哥美男暂时成为A.N.JELL的新成员，于是美子打扮成哥哥美男的样子半推半就地成了这个超人气乐队的一员，而在得知哥哥之所以努力想当上歌手是因为他坚信"出名后，生别的母亲会来找他"这件事后，美子决心以美男的身份继续活动下去……而冲绳取材的这部分则是整部电视剧的转折点！

兔子

蓝天、白云、海洋，仿佛要映衬美男的失落一样冲绳的景色越是碧蓝越显得那份失落格外醒目。

东野圭吾推理故事 电视剧 / 2012

出演：反町隆史、加藤爱等

拍摄地：首里城、那霸机场、卡福酒店（Kafuu Resort Fuchaku）等

《东野圭吾推理故事》共十一集，每集一个故事，全部取材自东野圭吾的短篇小说集《没有犯人的杀人夜》。每集都有不同的演员来演绎，在冲绳取景的为该系列的第五集《蜜月之旅》，由反町隆史主演，讲述因二婚的新婚旅行而来到冲绳的中川伸彦心里一直有一个疑惑，那就是关于去年在自己外出的时候由于煤油取暖器故障而导致一氧化碳中毒致死的女儿，他怀疑自己的女儿事实上会不会是被某个人杀死的呢？他开始怀疑自己的新婚妻子尚美……而结局却出乎人的意料。

想要去度假

冲绳被很多日本人选择为新婚旅行地，果然名不虚传啊，话说他们入住这个饭店好豪华，前海后山！有机会一定要去享受一下！

推理要在晚餐后 SP
特别电视剧 / 2012

出演：樱井翔、北川景子等
拍摄地：美丽海水族馆、濑底海滩、sazan 海滩酒店

    《推理要在晚餐后》的第一部特别版电视剧。女主角宝生是一个平时打扮土气又保守的普通警员，而事实上她的真实身份却是世界有名财阀的千金小姐，虽然破案能力却不怎么样，但是多亏了她有一个好像什么都会做的管家影山帮助她破解了不少案件。本次事件是因为世界知名画家松下庆山被发现死在自己家中，现场尸体被烧焦难辨，价值数十亿的画作也随着大火付之一炬。然而这个案件的侦破却异常艰难连一向靠谱的影山也想不出头绪，为了缓解破案的压力宝生随着上司来到冲绳度假……而后发生了一系列奇怪的事件。

伞哥一生推

如果我去了冲绳，
也要对着大海呐喊
man~so~re~

泪光闪闪 电影 / 2006

出演：妻夫木聪、长泽雅美等
拍摄地：那霸机场临港道路大桥、冲绳县厅、国际通、平和通商店街等

    新垣洋太郎是一个开朗的年轻人，怀抱开一间属于自己的小店的梦想每天都努力工作着。他有一个没有血缘关系的妹妹，是母亲再婚对象的女儿，在父亲出走母亲病逝后，两个人相依为命度过了十年。但这样平淡的生活却突然被打破了，洋太郎好不容易要开张的店铺发现是被骗了，也因此和女朋友分手，然而被他一直照顾长大的妹妹却已经偷偷喜欢了他很久……

    另外，饰演妹妹的长泽雅美似乎和冲绳特别有缘，由她主演的另外两部电影——《群青》《ROUGH》也都是在冲绳取景的。

NAN

点评：整个故事的感觉就如同冲绳晴朗纯净的天空。世间的痛便如蓝天下的白云，清晰明了。

花样男子 最终篇
电影 / 2008

出演：井上真央、松本润、小栗旬等
拍摄地：石垣岛 sunset 海滩

　　人气电视剧的最终章电影版，几经风雨的道明寺和杉菜终于决定结婚，婚讯传出后立即成为全世界瞩目的焦点。而就在婚礼举行前道明寺家的传世宝石皇冠遭人掠夺，担心母亲生气的他们决定去寻找皇冠的下落……在找回宝石皇冠过程中遇险的无人岛便是在冲绳的石垣岛取材，从影片中可以欣赏到石垣岛美丽的珊瑚礁群。

 XIAOJIDA

石垣岛的海岸美得我哭！

来自天国的加油声 电影 / 2011

出演：阿部宽等
拍摄地：本部町营市场、野毛医院、紫阳花便当、花人逢等

　　根据真人真事改编的电影，描述在位于冲绳的某个小镇，男主角大城阳和家人共同经营着一家备受欢迎的便当店。他善良而热于助人，帮助苦于没有地点练习的高中生摇滚乐队提供练习地点。而在他生命即将走尽头的最后的日子里，他不断地用自己的生活态度告诉年轻人什么是生命，教会他们坚持梦想的重要性。

 hyaw

缓慢的节奏，就像冲绳给人的感觉，平静但很真实。

北野武 Kitano Takeshi

北野武导演的有冲绳取景的电影：
《那年夏天，宁静的海》《花火》《小奏鸣曲》
《3-4×10月》《Takeshis'》

　　北野武似乎有着非常执着的冲绳情结，从成名作到大师级杰作，冲绳的海都是他作品中必不可少的要素，《小奏鸣曲》里冲绳浓郁的海天一片蔚蓝更被人称为"北野武蓝"。"没有什么东西，比海更接近纯粹的宁静和归宿。"

173

女人的香气
电视剧 / 2011
出演：金宣儿、李东旭、严基俊、徐孝琳等
拍摄地：琉球村、残波岬、里真荣田海岸、Lazor Garden Alivila 教堂等

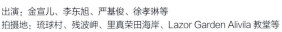

　　韩剧里似乎总不缺姜治旭这样的男主角——家世丰厚，相貌俊朗，有一位门当户对的未婚妻，他的人生的一切看起来都是那么美满，好像已经获得了大部分人梦寐以求的生活，可始终觉得好像缺了点什么，始终未从心里感觉幸福。由于父亲常年在外拼搏他从小也未得到家庭的温暖，在他觉得人生就是这样了吧的时候，遇见了那个"意外"，一个因为误会甩了自己一巴掌的李研在。他爱上这个真性情的姑娘，而她却只剩下最后半年的寿命，于是这对恋人决定在余下的时光中在冲绳进行了一段寻找幸福的旅程。

　　此外，韩国版的电视剧《原来是美男》、安在旭的DVD 写真集《BEST FRIEND》也都均在冲绳取材。

toto

冲绳的婚礼实在是让我这个女汉子也想随便找个人嫁了！

恋战冲绳 电影 / 2000
出演：张国荣、王菲、梁家辉等
拍摄地：海中道路、残波岬灯塔、万座毛、ANA Manza Beach 酒店、美国村等

　　冲绳异域美丽的海滨风光让影片充满了度假般的轻松。探员阿达与女友去往冲绳度假而期间意外遇到了刚刚偷出警方证物打算与黑帮大哥做交易的大盗唐杰，而黑帮大哥用来交易的大笔金钱却被女朋友 Jenny 卷走……这部电影算不上是张国荣出名的电影，却被很多影迷记在心里，和那些被传颂的经典作品比起来它甚至是平淡的，不过就像故事开始他们的初衷一样，你观看它的过程暂且就当去度了一次假。

apple

有段时间一直反复在看这部电影，好像一个湛蓝的梦境，这个梦里他还没有走。

174

好的事情
MV / 2011

演唱：严爵
拍摄地：美丽海水族馆、海洋博公园、美国村等

台湾新锐创作歌手严爵的第二张全创作专辑《不孤独》收录的这首《好的事情》MV 在冲绳取景，这首歌是严爵在东日本大地震之后的内心感触，为祈祷震后复兴而创作。歌曲展现希望人们珍惜一点一滴单纯美好的愿望。

 花花草子

要是能和严爵或者吴尊那样的帅哥去水族馆约会肯定要开心到晕倒！开玩笑的啦～真要去的话还是和男盆友一起才好～（羞羞捂脸）

此外，2011 年放送的由人气组合飞轮海成员吴尊与杨丞琳主演的偶像剧《阳光天使》也在冲绳进行了大篇幅的拍摄，外景地涉及琉球村、Lazor Garden Alivila 教堂、水纳岛海滩、伊江岛等。

非诚勿扰
电影 / 2009

导演：冯小刚
出演：葛优、舒淇等

提起《非诚勿扰》就想起北海道，不过据网友说其实该片也在冲绳取材过，就是舒淇跳海的那个场景，与位于石垣岛最北端平久保崎灯台的海景非常相似，小编查阅了很多资料暂时还无法确认是否属实，总之这个场景非常神似。本片还是 2009 年首届冲绳国际电影节的开幕影片，看来多少和冲绳是有缘分的。甚至还有网友戏称看《非诚勿扰》一方面是看舒淇和葛优斗嘴，另一方面就是当日本宣传片看，你们觉得呢？

 波宝

看完就想按着外景地路线启程来趟日本之旅。

若非亲眼所见

莎兔比亚

我对冲绳一直有情结——即便在我还没去过那里的时候。

这种情结源于我对三线产生的极大兴趣，研究三线的过程中对冲绳这个地域有了丰富的了解，那里的海与珊瑚、岛歌与琉舞、琉璃与红形……充满着我爱的美学。看过很多书籍和文献之后，我自以为对冲绳有了深入的了解，自以为即便没有踩在那块土地上也能脑补着走进首里城……

直到我去了那里，才意识到真正的主观感受和幻想中的相遇其实是两条相交之后便渐行渐远的直线。

一

第一次到冲绳，是在东日本大地震发生的三天之后。以工作为契机，要去冲绳待上八天，启程之前我抱着地图费了很大的劲才跟BOSS解释清楚"冲绳离东京很远，比福冈离得还远，比上海离得还远，就算有辐射也是先辐射到上海才轮得到冲绳……"上飞机之前，BOSS还发来短信说"到了酒店先确认逃生通道，海啸来了别管行李和财物，赶紧逃！"我带着会心的笑意踏上旅程，心跳夹杂着兴奋，终于要跟梦想之地相遇了，那会是怎样的瞬间……

事实是，当我走下飞机脚踩在停机坪上时，抬头看到低得几乎贴近脸颊、一望无际的蔚蓝天空之时，眼泪几乎流下来……这是人生中第一次知道可以拥抱天空、拥有天空的心情。

在窄小的机场之中难以抑制的笑意，穿过出境口俨然一派南国风光——棕榈树列队成排，穿插着当地娱乐活动的宣传旗帜，风把它们吹得欢快地飞舞着，眼前呈现出七八种颜色混合的画面，穿着蓝黄相间的大花衬衫的黑人朋友帮我把行李搬运到车上，他讲着流利的日文。去往酒店的沿途，映入眼中的是绚烂的粉红与翠绿，那种色彩饱和度是我有生以来从未见过的。

在国际大街下车，对那种南国的日本和美国风情混搭而成的热闹街市一见如故，在意外发现的小店里吃了第一顿午饭，老板居然是位中国人。那天他送了我一盘海葡萄，然后说"如果是第一次来，请做好未来这几天将是你一年中最幸福的时光的准备"。

事实上的确如此，从此之后每年春天我都要来冲绳一次。

二

冲绳的三月底，有太阳就像初夏一样热，没太阳就像初春一样冷。在这种温差极大的环境下，才会盛开出如此鲜艳的花朵。

我工作的中心在宜野湾，那里有着幽静绝美的海滩，又不像万座毛那样远离城市的喧嚣，从海滩出发走五分钟就能到达市区的马路主干道。在宜野湾有冲绳最有名的棒球场，我在可以望得见海景的酒店房间里，每天早晨都听得到当地棒球少年喊着训练的口号。环绕着棒球场的是寿命颇长的棕榈树，外皮和下层的椰子已经变成灰黄色，顶部朝着太阳的部分还是翠绿的，我每天的工作时间都是沿着长长的棕榈树道路走向海滩，那里搭建着华丽的演出舞台。除此之外是没有尽头的洁白细柔的沙滩和分出五种蓝色层次的海。蓝天、阳光与白云达到完美比例之时，白色沙滩与海洋的结合，让眼前的景色美丽得令人绝望——它曾经只存在于理想之中、梦境之中、漫画之中、Photoshop之中……当真的呈现在眼前，才知道有些人时常说的"活到现在真好"并非矫情。而这片海滩最打动我的并非晴天之下那种接近完美的蔚蓝，而是在暴风雨的日子里，乌云密布，天空与海之间消失了那道分界线，逐渐成为融合一体的灰，然后形成有些层次的渐变，像一块毫无边际又不切实际的幕布一般……可是这样的画面并不消极，而是另一种概念上的美丽。

直到现在，当被要求评价冲绳的景色之时，我依然会说"连阴天都美得令人窒息"。

三

除了必须亲眼所见的美景之外，在冲绳的时光中我也十分行动派地去体验了向往已久的弹三线、染红形、烧陶器、吹琉璃……

三线远比想象中难弹，起初我幻想在短短一周内可以让自己三线基本入门，那样的话就豁出去买一把带回国，时不时用牛骨爪奏上几曲《泪光闪闪》，以至于人家不再因我只会用竖笛吹《Soft Kitty》而嘲笑我……我很认真地买了一本三线教程的书籍，还有教学影像的 DVD，店主特别亲切地把自己私藏的三线拿出来让我弹奏，只见他娴熟地弹奏出熟悉的旋律，还羞涩地说"可以加入吉他来合奏呢"。可是当我亲自操作之后，迅速意识到不是这一下午可以完成的事情，三线比想象中要硬，且不像吉他的弦那样跟琴柄距离很近，所以压弦的轻重也是操纵音准的关键之一，这样一来想要找对调子着实不易。红形和琉璃同样如此——比看上去要难操作，一个成熟的琉璃技师要在作坊里待上六到八年才可以真正成熟，将各类烧制手法运用自如；而染红形也需要四年以上才能配出准确的颜色……好在烧陶我原本就有基础，且冲绳当地的烧陶技术跟中国本土也相差无几，区别只是土质的不同和着色技巧的细微差别，总算让我带着几样手工作品回家。另外用生黏土学做了石狮子，在酒店窗台上风干之后漂亮地成形，也是很欣慰的一个收获。

总之那些我多年幻想之中的美丽、自以为可以驾驭的艺术，当我如此接近地面对它们的时候，却意识到通向那种奇妙美学的道路比预想的要长很多。

四

冲绳远离日本本岛的喧嚣节奏，那里的人们更加安逸而温和，亲切好客的程度永远超越我的预料范畴。没有四通八达的电车和地铁，甚至没有一辆能安安稳稳带我到达目的地的公共汽车，在那里自驾车是必需品。于是我经历了很多次搭路人便车去遥远的山谷或海边，他们大多真诚地询问我的来历，然后细细解说沿途的故事，告诉我应该去哪里找什么样的小店，如果时间合得上还可以接我回程……美国村里有戴着花哨帽子的黑人大哥，因为我请教了他五彩冰激凌的做法而跟我畅谈了30分钟，还请我喝了两杯黑糖啤酒而且把我送到古董玩具店顺便帮我跟老板杀价；国际大街土产店的老奶奶试图让我品尝每一样小点心，她爬到柜子上面拿下来一盒完整包装的黑糖糕，不顾我的婉拒，一边拆开一边说："你不用买哦，但是要记住这里食物的味道。"当然我在回程前的最后一天特地打了出租车专门去了她的店里买了几乎所有品种的土产。仅此一面，当我第二年再去冲绳之时，她在店门口一下认出了我，像招呼着自己久未谋面的孙女一般把我拉进屋里，送给我一盒蛋糕，泪光闪闪地说"一年不见！"

我一路感受着如此意外的热情与好意，不断刷新着我心中对美好人性的认知，在这片土地上，我内心最后一寸防备和犹豫也豁然开朗了。

五

第一次冲绳之旅即将结束的时候，内心充满悲伤，这种悲伤是极致幸福之后的反差空虚感。最后一天临行之前的上午，我放弃乘车，一路暴走，在沿途摄影，看到极其普通的私家小诊所外面长满了彩色的花朵，几乎包围了小小的建筑；普通老百姓在房子门前摆设一排自家手捏的石狮子；看到了坐落在粗壮树冠之上的奇妙餐厅；在路边经营着咖喱饭餐车的南国小哥，一边埋头盛着咖喱饭一边自豪地大喊"这（咖喱）配方是我太太独创的！"

驶向机场的巴士上，司机爷爷年届九十岁，他用年轻一代渐渐遗忘的琉球方言唱着当地的民谣，有一点点颤抖破音的地方还尴尬地大笑，他说每次迎接和送走来往的游客，看着大家脸上幸福的表情，就感到自己的人生无比美妙。

若非亲眼所见，我也不会相信，每年最幸福的那段时光，在冲绳。

没有阳光 也能灿烂

绝灵

冲绳岛，位于日本九州岛和中国台湾岛之间，是被誉为"日本夏威夷"的旅游胜地，也是日本人休闲度假的首选之地。去年全日本投票的"最想去的度假地"，冲绳县的波照间岛名列第一，前十名中有四个属于冲绳县，足见这个小岛的自然魅力。

这次冲绳之行，要给自己过一个独特的生日，要给自己一个全新的体验。安排了十天的旅程和各种四五天的攻略比起来，看似漫长。然而做起功课的时候才发现，十天太短，短到我甚至无法浅略地了解这个城市。可惜机票早已订下，扼腕的同时，只能期待自己了解更多，弥补时间上的遗憾。

冲绳以沙滩、海水和阳光闻名，世界排名前五的海水能见度，岛国人民特有的淳朴热情，充满了美式风格的创意料理，还有三天两头上新闻的美军基地，构成了冲绳县特有的色彩。读完了历史和城市介绍，也正式迎来了出发的日子。

冲绳和上海有1个小时时差，飞行时间仅为2小时，甚至要比去很多国内城市都更近。冲绳本岛是个狭长的岛屿，最南部的那霸可以说是本岛上最大的城市，一般国际航班都在那霸机场降落，可是那霸机场的国际航站楼很小，小到不足隔壁国内航站楼的五分之一。飞往冲绳的国际航线原本就只有上海、北京、香港和台湾四地，除了东航上海原计划每天都有航班外，其余都不是每天执飞。而隔壁的国内航站楼却是要迎接日本国内各地每天往返的航班。在我出发之前，东航上海直飞冲绳的航班由每天2班调整为每天1班。

那霸机场到市区的交通极为便利，除了著名的单轨电车之外，出租车也是很好的选择。冲绳的出租车要比日本本岛便宜许多，如果是4个人的话，出租车甚至会比其他公共交通更加便宜。冲绳也是日本英语普及率最高的地方之一。除了美军基地，这里最发达的就是旅游业，百分之六十以上的人口从事着和旅游相关的行业。

　　另一个说法是冲绳人对日本的归属感并不强。二战最后阶段，冲绳为日本本岛付出了血的代价，整个冲绳县三分之二的男性死于战争，对此冲绳人民始终铭记在心。二战后，冲绳很快从战争中恢复过来。著名的"国际通"就是冲绳经济复苏的代表地。位于那霸市内的"国际通"几乎是所有游客必到的景点。那霸市内的住宿选择也相当多，从经济型酒店到背包客栈，还有众多有特色的民宿。但是如果想更好地享受本岛美丽的海滩，那就要去西海岸沿线，那里有很多高档的海滩酒店，绝对物有所值。

　　但是由于本岛的地理限制，从北到南需要3个小时左右的公交车，如果乘坐出租车，车费单程可能在1~2万日元。虽然从西到东相对狭隘，但是因为没有高速公路，再加上中间有大片美军基地，所以也要3个小时左右的车程。

　　冲绳的公交系统并没有大阪、东京那样完备。单轨电车仅限于那霸市内。长途公交车的车费昂贵，时间也相当长，不过好在秉承了日本公交一贯的准时，如果想要全部搭乘公交来完成旅行，那么就要事先好好地计算好公交车的时间，算准了游玩的时间。这相当不易。

我的选择是先住在那霸市内，前去的周边离岛的泊港码头附近是很好的住宿点。这里走到国际通也就 20 分钟，一路上可以感受到冲绳的不完美。然而在那霸才能更好地感受到，冲绳不仅只有海滩。它的不完美几乎让我沉醉。那些看起来破败的建筑，老旧的街道和民众的笑脸成了鲜明的对照。到的第一天是阴天，去酒店之后出门已经快要当地时间五点了。可是不管是出租车司机、前台的服务小哥、路上随便视线对上的游客，第一反应竟然都是微笑相迎，奇怪的心情就会变得暖暖的。

　　如果没有购物的欲望，就在国际通上到处找吃的，海盐冰激凌顺利收服了我，香浓的奶味和咸味搭配得很好，第一口不会惊艳，可吃完了竟然念念不忘，足以证明我是一个很好收买的吃货。在店里还吃了很多试吃品，海盐的泡芙入口即溶，立刻成为新的焦点。叨念着最后一天来买了回去当手信。事实证明，这东西哪里都有卖，全国统一价，完全不用到总店来。

　　第一天当然也少不了吃冲绳本土料理，海葡萄上桌之后犹豫了一阵，品尝结果不是我们的菜，尝过也就好了。苦瓜不错，以及一道惊艳的豆腐。不知道为什么，日料的豆腐总之特别合我的口味。席间给预约两天后潜水的教练打了电话，结果我的破英语和友人的破日语都败在了"毛巾"这个单词上，不过最后总算搞定，在松了一口气之后大喝一口当地的 Orion 啤酒，感觉真是太棒了。

　　随后第二天，借着公交车，前往游览了琉球村、美国村。但是重头戏是路上我们期待已久的海胆焗龙虾，果然美食才是路途中的重点，即使一天间歇性的暴雨也没有打断我们的兴致。在琉球村吃到了好吃的泡盛蜂蜜蛋糕，满口酒味和蜂蜜香味的融合让我差点捧一盒回去，还好最后忍住了。在美国村欣赏夜景的时候，点了松饼和抹茶拿铁，果然最后要用甜点来结束一天才是最完美的。

因为好奇，所以在冲绳本岛安排了一晚离岛的住宿，阿嘉奴岛是一个没有开发过的小岛，本地人也没有几个去过。我们在岛上会住宿一晚。本以为全船的人都是这样，可是结果只有我们4个人留在岛上，3个小时后，大多数人跟着船回那霸市。

一晚的无人岛住宿，成了我们四个人的"包岛"之行。小木屋、BBQ、最好的朋友、香槟、啤酒，还有挂满天空的星星，成就了最特殊的生日之夜。白色的沙滩，绿色的海水，远处海天连成一片，阳光暖暖地洒在身上。如果不是第二天的狂风暴雨，一切就太美好了。那个是我们在冲绳十天的行程中，第一个出现阳光的半天。之后我们因为暴雨，没有能够去成赏鲸，原本期待的蓝洞潜水也变成了岸潜。当然不是说岸潜不过瘾，但是冲绳的蓝洞可是世界上三大蓝洞之一，这个遗憾实在是太大了。但就算如此，在上飞机飞往石垣岛之前，我们的心情依然是快乐的，因为这个岛给我们的印象实在是太好了，即使不会日语，仅靠着肢体语言和破烂的英语，依然可以很顺利地走完行程。

然而到了石垣岛，英语几乎就没有用了。这里和那霸不同，会英语的人相当少。石垣岛离冲绳本岛大约有50分钟的飞行时间，

ANA 和 JAL 都有运行这条航线，一天往返班次相当多，票价也不贵。石垣岛有著名的石垣牛，这可是神户牛的鼻祖，不过为了旅游业，石垣牛不用来出口，想吃的话，自己来冲绳吧！另外，还有米其林三星级别的海滩，川平湾。

石垣岛从地理位置上来说，离台湾更近，有台湾的定期包机和邮轮。所以码头周边的餐厅一般都有中文的菜单。石垣岛的市中心是离岛码头附近区域，我们到达石垣岛后，立刻去吃了一顿美味的石垣牛，然后带着无比的满足前往本次行程中最远的一个岛屿，波照间岛。那是日本唯一可以看到南十字星的岛屿。顺带一提，那天石垣岛阴天，波照间岛下雨，所以看星星什么的，都成了泡影。

在岛上的民宿，我们遇到了前来旅行的日本家庭，即使语言不通，对方也很友好地试着搭讪，我们和其中一家的开朗男孩用肢体语言鸡同鸭讲，甚至晚上还和他们一起冒雨去夜游小岛，奇怪的是我们竟然都很乐在其中。这个计划外的行程冲淡了没有看到南十字星的遗憾，让我们在路途中结识了新的朋友。

除了南十字星，这个岛让我印象最深刻的就是小巧可爱的邮局和岛上随处可见的猫咪。在这个只有 500 个常住人口的岛屿上，见到的猫咪可能比我那天见到的居民还要多。

从波照间岛回到石垣，匆忙游览了竹富和西表这两个离岛后，我们又去吃了一顿石垣牛，这个和神户牛比起来毫不逊色的肉质以超高的性价比俘虏了我们全体。以至于在最后一天我们仍旧心心念念跑去吃了石垣牛汉堡，至今想起来仍能让我流口水。在从石垣回到那霸的过程中，我们又乘坐到了琉球航空的螺旋桨飞机，整个机舱只有 10 排座位，一共就 41 个位子，配备 1 位乘务员。但这也是我第一次坐到送明信片的飞机，这种小小的惊喜始终充满在旅行的过程中，似乎是在弥补天气的不给力。

回到那霸的那一天，依然是阴天。在前往古宇利岛的路上，友人告诉我，古宇利岛的海滩被国家地理杂志评为"阴天亚洲最美的海滩"，我们只能自嘲，那果然应该是阴天来看。灰色的天空间或会下来几滴小雨，但好在我们在古宇利岛的时候，没有下大雨。甚至在海滩上，远处一缕阳光洒向海面，瞬间让海水变得层次分明，宛如仙境。

即使那束阳光并没有直接落在我身上，我依然感觉到了暖意。我想到曾经让我很感动的一句话，大意应该是——我们需要学会走自己的旅行，看别人的风景。

我们总是会向往最美好的景色，然而那些照片上的美丽往往是几万张素材中最优秀的那一瞬间。这需要运气和时间。在无法得到的时候，我也会微笑着欣赏我眼前的风景，将这份属于我的美好藏在心里，因为这是我的风景。

重生很蓝

落落

在上海的环球中心高处俯瞰大半个城市，还是有灰蒙蒙的雾霾，一直等到入夜后，灯火璀璨了起来，一旁金茂中心的顶端反倒因为不是节假日而没有点灯，是个黑漆漆的菠萝顶。

我喝了大概四杯啤酒，整个人开始醉醺醺的。环球中心的餐厅里灯光很暗，食物很贵，酒水也不便宜，身边大多都是外籍人士，操着不同的语言，凑在一起低声细语的，时不时某个话题点燃他们脸上整齐的笑容。

我说了什么我已经不记得，我只记得原先生告诉我"不用全力以赴也可以的"，这句话的语序果然很日式，我们平日里多半说"可以不用……"把是非都摆在最开端，一目了然，但日式就格外喜欢倒装，必须听全最后一个字才知道，啊，是这样。

但我果然不记得了，到底那是什么，可以不用全力以赴去对待。

原先生来自冲绳，原本是三重县人，后被公司派到了冲绳的分部工作，2010年我第一次去冲绳时，在那里认识了他。从那个闻名的水族馆走出来，后面有一片雪白的沙滩，太阳到底还是异常凶猛，晒得人心也有点融化。说实在那会儿心情有些阴晦，不知道是不是因为想象中的巨大水槽在现实里看起来还是有一点小了，鲸鲨在里面只能不停地不停地打转，而真正的海其实就在十几米外的地方，但却是死活也去不了吧。不可能突破的距离。

我对自己这番念头是不是伪善的故作姿态无从判断，两脚站在滚烫的沙地上迷迷瞪瞪的，想到会为这样的事情而消沉，继而更加对自己有所失落。但这反而是太平常的事了。到日后，我偶尔思索所谓的旅行对自己到底有什么作用和意义。倘若一切都从最初的新鲜里退去，剩下的是乏味和疲惫，没有了"异地"的概念后，失去了它能给带给我的全部惊喜，导致无论走得多么远，思考的还是与日常别无二致的问题，那所谓的旅行还有什么作用和意义。

原先生戴副眼镜，头发有点自然卷，看起来很客气的样子，脸上是一直带着笑的。在沙滩上问我带的相机是不是很重，我借他拿过去掂了掂，他露出出乎意料的表情说比想象的还要沉甸甸啊。

从相机开始的话题，在原先生之前也发生过很多次了，每次旅行里，大概是我带的还是过于专业的机器，一个人非要打肿脸充胖子地扮演《国家地理》摄影师的模样，于是在不少人气的景点里，经常会诞生从相机开始的谈话，年长的老先生上来指点一下可以把曝光补偿再往下调整，那样拍下的红叶更好看，年轻点的小叔传授普通人不太知道的拍摄位置，类似的"摄影爱好者"之间的对谈，很客气地开始也很匆匆地结束了，次数多得不会觉得有任何奇怪，大约在外就是应该遇到类似的人，有类似的轻快交流。例外的只有一次，曾经在爱拓念佛寺里遇到一个从美国来的自由摄影师，聊完天后他大概在寻找可以同行的人，跟着我走了一间又一间寺院，并时不时冒出奔放的念头，路过可以打扮成舞伎的店，急着掏钱说要请我去试试，我把头摇成拨浪鼓说了几十遍 no no no,thanks,no no no thanks，才算拒绝成功，到最后，我性格中始终不会退散的那部分又冒了出来——难以适应有其他人跟随的行程，找了个借口说去上厕所后，就卑劣地夹在游览的人群中匆匆地从他身边溜走了。

所以说回原先生——原先生大概是我遇到的第一百多位旅途中有简单交流的人，那时我已经远没有初次遭遇时的触动了。

穿着当地特色图案的衬衫，沙滩裤和夹脚拖鞋，但看得出平日里还是待在室内的多些，因为还没有晒成炭黑色。然后是，一直笑眯眯的，温和得让人一度会疑惑。

我在开始自由旅行后写了《须臾》这本书，书里的最后一章讲述了长久以来，无法抹去的性格问题——自我意识仍旧过剩，会产生非常强和不可理喻的壁垒，不愿意和外界作进一步沟通，在旅途中遇到报以善意的，孤独的，希望我能给他们带来一点新意和生机的人，第一反应却永远是抗拒，宁可自己把路走得同样又疲累又孤寂，但偏偏认为这才是自己所要的。和一个陌生人，要变得认识，变得熟悉，过程太麻烦，麻烦得甚至恐怖。

那是我二十三岁时遇到的人和写下的文章。

我二十九岁时在冲绳，和原先生很客气地闲聊了两句。

问到我住在哪里，是如何过来的，那霸市没有地铁，公交线也不是那么方便，我说我是报了当地的一日旅行团坐巴士来的，从首里城出发，到水族馆，之后还会去菠萝园玩一圈，然后巴士会把我再送回国际通入口那里。原先生连连点头说哦哦是这样啊，然后提起自己的公司办事处也在国际通上，附近有一家很不错的餐厅，推荐我去。我说好啊我会去看看的。在那里和原先生道了别。

下一站菠萝园里坐了有轨小火车，买了很大一杯菠萝刨冰，吃得脑袋痛得要死。天实在太热了，又觉得才喝下的饮料下一分钟就变成汗水从体内蒸发掉，我好像都没能把那杯菠萝刨冰带得离它们的出发地远一点。

回到国际通，先在宾馆里累得趴了半天，看了一会儿电视，然后下楼找地方吃晚饭，就走到了原先生推荐的那个餐馆。脱了鞋坐进店里，等我刚吃完自己点的凉菜，看见原先生也走了进来。我们露出"好巧啊"的表情。

三十，或者四十岁的原先生，到最后我也没有问过他的年纪，没有问过他的详细情况，也许到最后也不知道他是什么样具体的人，就跟他对我的了解一样，不多也不少。

我其实也不知道在他看来我会是怎样的人。

还没有遇到原先生前一天，在码头买了张船票，坐了大约一个小时的船，去了附近名叫"座间味"的离岛。船在海上，没一会儿

开始下雨，浪变大了，周围的水面全部宛如海绵，充满了细密的被雨水击穿的小孔，一下子完成了它巨大的吸收和包容。如针的雨丝，也许同时也穿过了船顶和船舱，也穿过了我们每个人，以至于在心脏里也积了一点水，船摇摆起来能感觉它在身体里面阴阴冷冷地晃荡。

我想我那年去冲绳时并没有抱着特别欢乐愉悦的心情。在出发前，必然是遇到了什么具体的糟糕的事，糟糕到不愿重复去回想，抓住一个最简单的方法就是尽量逃远点，找片可以把脑袋插进去的沙漠，只不过最后那不是沙漠，是一片阴天下的海。把脑袋深深地埋进去，应该会看见成片的珊瑚吧，不同的形状构成不同的区域，安静又温暖，顽强地拒绝了外界冷冽的投射。

沿着座间味岛走了大半圈，差点步入无人的森林，走了二十分钟后感到了害怕，退了出来，让圆圈有了缺角。仍是码头附近稍微有点人气，但只要船只久久不出现，岛屿也一样陷入昏昏欲睡的寂静里。

类似的离岛在冲绳有很多，更小的岛屿上，居民只有几十人，有一所学校，学校里有八个学生一个老师——无法想象他们的生活状态。

虽然嘴里口口声声说着不愿意和人相伴，独自的状态才是最舒适的，但同时喜欢巨大的繁华的城市，对荒无人烟之地无一例外地感到惧怕。我仔细地想了想，大概是被繁华包围时，自身的孤独会有如杀出重围的斗士一般，带有沥血似的功绩，一切都成了"那是被我所抵制后剩下的"，人在其中享受到了挑选的权力，排斥的权力和厌恶的权力，完成了自身的"格格不入"。"格格不入"整个词对于现在的世代来说，仿佛是高人一等的，拥有一份莫名的近乎愚蠢的傲慢。

而一旦被投入更加寂寥的环境中，便瞬间可以意识到自己的一切在其中是多么微不足道。人多是在繁华中雕琢自己的"孤寂"，周围灯火越是璀璨，越能精细自己手下的刻刀，而在旷野中则是目睹自己的那具作品，如何被不费吹灰之力地碾成笑话，连一颗蒲公英种子也不愿载载她。

座间味岛的沙滩有些硌脚，生长在近处的植物眼熟却叫不出名字的花，另外就是草丛间多的是长满了小挂钩的果实种子，走一路便挂满了我露在鞋沿外的袜子上，想起似乎小时候有过一种游戏，淘气的男生把这类种子当武器似的冲女生们一通猛扔，挂在头发上回家得拆个半天才解得干净。

我在沙滩上几乎什么也没干地坐了大半天，偶尔下海去踩踩水，挖一颗贝壳再把它扔得远点。四周没有人。完全没有人。阴天下，近处的海是湖绿色的，带一点点不明的黄。

后来我问原先生，你还会想"人生啊""爱啊""命运啊"这种大话题吗。明明是蚂蚁，却还要追着佛祖求一个解释般的宿命，可事实上她连自己攀沿的是什么花瓣也看不清。原先生一边笑的同时一边皱眉："那种东西——"。

车停在我们身后的公路上，我脚边是一片——说不清到底是什么的浅滩，覆这一层薄薄的海水，时断时续，但好像不远处就连着

碧蓝的海洋了，有人穿着高筒的渔翁鞋，提着小桶在浅滩山似乎是抓鱼吧，近处还是青色的乌云，海平线那里则浮着一颗落日，到哪里都是模糊界限的景色。

原先生说有个地方是平常人不太知道的，开车带我来看了看。和那霸市其他宣传册上印刷的景色的确是不太一样，和我一个人跑去看的离岛也不一样，更寂静，也同时，更模糊的界限。

人生啊，爱啊，命运啊——那种东西。

二十三岁时也在想，甚至于二十三岁时想的未必比现在就含混。那会儿不明白的事情，现在也没有弄明白，反倒是数量上又增加了更多，唯一有所变化的只有自己的态度，尽量将对它们的重视程度降低到最低，做很多很多"也不会怎么样"的结论。

就算失败，也不会怎么样。

就算得不到平等的对待，也不会怎么样。

就算恶习日复一日改不掉，也不会怎么样。

就算总是要委曲求全，也不会怎么样。

就算达不到心目中的目标，也不会怎么样。无非是看着他在十几米外，成为海，从一片海可以抵达另一片海，他几乎可以去到任何地方，对十几米外巨型玻璃缸里的生物，炫耀他全部的幸福。但看着就看着吧，也不会怎么样。

我慢慢放弃的事情变得很多，只不过在放弃的途中，从来没有类似壮士断腕般的悲壮与阵痛，更多地像——我以为像手里掬着一捧水要养活掌心里的鱼，眼看从指缝中不断渗漏，赶在鱼彻底死亡前把它放回虚无的海洋里吧。

　　没准从一开始就不应该把它们捞起来。所以心情几乎是松了口气的。

　　连同"对外界的排斥"上，不知什么时候回过神，发现自己已经把墙拆得差不多了，它们形同虚设，原先生在餐厅遇见我时说"我坐这边行吗"，我觉得也没什么不行的嘛，原先生说有个地方游客知道得很少但风景不错，我也答应说去看看好了，那次告别冲绳前，原先生说他之后年底会来上海，我留了真实的电话，让他倘若到上海有空，我做东请吃饭。

　　一系列过去后，还真不是当年的自己了。

　　和新认识的朋友接触下，也不会怎么样。

　　放弃"一个人"的标签，也不会怎么样。

　　人生没有那么多条条框框，你看，真的也不会怎么样。

　　总以为"如果不＿＿＿＿，如果不＿＿＿＿，那就不是我了"，但其实根本也不会怎么样。永远是这样一个人。

　　哦对了，第一次去那霸著名的景点万座毛，也是原先生开车带我过去的，海水是超出语言形容的蓝，无论如何不会被稀释的蓝色，大概连图画，照片都很难真实表现，浓厚得让人不愿去想象下面的

深度。而沿着悬崖向下看，又变成透明的波浪冲洗着岸边。我问原先生，这里不会有人失足摔下去吧？原先生老样子地笑笑，很温和地说这么多年，应该是有过吧，重生后八成变成海了。

我反过来笑他，什么嘛，重生后变成海算怎么一回事，那不就是水吗，来生变成一滴水那怎么行，至少我来生还是想要做人的。

到了 10 月底，手机屏幕上跳出一个"无法显示来电号码"的电话记录，我多半是在一如既往地和工作纠缠，恍惚半天也没想起来会是谁，包括原先生的声音在话筒那头喂喂地说了半天，我才一下子想起来，啊，当年曾经作出过这样的邀请。

若在以前没准就觉得麻烦，找个不光明的借口继续违背自己作出过的允诺了，但这次却坚持着嗯嗯地答应了下来，我说上海你倘若之前没来过的话，那我安排个一日游的路线吧，最后可以去环球金融中心的楼上看一下城市的风光。"啊哈，不过上海的天气不比那霸，就算爬再高，其实也看不见很远的地方呀"。原先生继续很温和地笑"没关系，总之如果不是很麻烦你的话——"

原先生还穿着衬衫，裤子是换了长裤的，当然也不是夹脚拖鞋那么休闲，改成了灰皮鞋。我打开副驾驶的车门让他坐上去，过一会儿他就略带不解地问我"不是红灯吗，为什么你还能右转呢"，我一路解释中国的交通法规，然后解释中国人民的开车习惯，解释上海，解释上海的地段和景色，原先生听得若有所思，最后颇为豁然开朗似的对我说："感觉你在你的家乡，过得很有生气啊"。

我连连摇头："都快累得厥过去了"。

原先生笑起来："不一样的啊。"

从一开始就格外客气和温和的原先生，我至今不知道他准确的年龄，大约是单身，但似乎是离异过，我也没有刻意去问，好像除了"是在那霸认识的公司职员"外，其余几乎是一无所知的。

在金融中心上喝酒时我提起来："那你喜欢那霸吗？"

原先生笑笑的："还挺喜欢的。"

我说："其实我心情挺复杂的，因为我这个人不喜欢晒太阳。"

"上次看你狂抹防晒霜，我就想，这个人以后不会常来的。"

"从三重过来的话，也不会很习惯吧。"

"还好啦。"

"公司也不派你去东京这种地方吗？"

"我自己要求去那霸的。"

"啊？为什么？"

"去东京的话，觉得和之前的人生没有很大差别——哎，我知道，你肯定想，东京到底是大都市吧，但冲绳这边比起来，是截然不同的两个世界。所以后来想，我不如去那霸好了。"

"想换个生活啊？"

"嗯。之前的——"他没有往下说，"想打碎了重来。"

"好有勇气，这种勇气我多半是不会有的……"

"也不一定需要有啊。没有也未必是坏事。没有的话，也许说明人生还没有发生过什么重大的，想让你重生一次的事情。"

"怎么没有，当然有啊。"我挺不乐意被他人这样下结论的。

"啊，啊，那失礼了，也对，是的呢，我也只是刚刚认识你，也许和之前比，已经有了很大的不同了。"

但我不知道怎么说——有很多情况，它们是心底里的积水，又深而远，看不清，更别提用语言来形容描述。"脱胎换骨"之类的词语，永远具有诱惑力，但付出的代价自然是等价的，必须先交出和它一样沉甸甸的挫败，才使得这个经历有了庄严的仪式感，仿佛是一整套完整的流程，白色的花束，金色的日光，与最后登场的蓝色的海洋，没有什么比它的存在更加具有断代感了。那么相比之下，从来只是在海边捡捡果实，踢踢贝壳，烦恼一些变与不变，变得多与变得少问题的自己，连"脱胎换骨"的基本考核也是通不过的。

"只是，以我的个人经历来看，我想说，很多时候，不用全力以赴也可以的——

"不用全力以赴，偶尔就随意地放弃一下，这种选择带来的体验，有时候会不亚于一次重生。"一直面带微笑的原先生，抿了一口酒，他在那时摸了香烟，我才知道原来他是会抽烟的，他问我会介意么，我说我没关系。

210

抽烟时的原先生表情稍微变化了一些，隔着很轻的烟雾，他俯瞰着上海，假如他告诉我，三年前刚到那霸时，他也这样地站在万座毛的峭壁边，久久地看着被海浪拍击的礁石，在终于放弃那个念头时松了口气，浑身的冷汗，把他的浅蓝色衬衫都染成了深的。

我觉得，那也是完全可能的。

PHOTOGRAPHY BY
LUOLUO

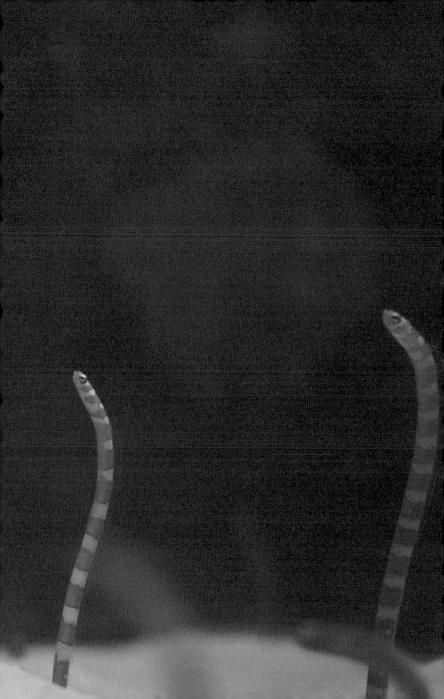

特別感謝

沖縄観光コンベンションビューロー
〒 901–0152 沖縄県那覇市小禄 1831–1 沖縄産業支援センター 2 階
TEL: ＋ 81 - 98–859–6127
FAX: ＋ 81 - 98–859–6222

沖縄観光情報ウェブサイト『おきなわ物語』
（日本語）http://www.okinawastory.jp/
（港台）http://www.visitokinawa.jp/tc/
（Facebook）https://www.facebook.com/VisitOkinawa.hk
　　　　　　 https://www.facebook.com/VisitOkinawa.tw

冲绳旅游观光局上海办事处
地址：上海市黄浦区汉口路 398 号华盛大厦 1603B 室
电话：021–6351–0231 （中文・日语）
网站：http://visitokinawa.cn/ （中文）

* 以下排名不分先后
首里城公园管理中心
四つ竹料理
石垣島 MINSA 工艺馆
沖縄 OUTLET
DFS ギャラリア 沖縄
佐藤太圭子琉舞練習場
沖縄美ら海水族館
Kafuu Resort Fuchaku
Lazor Garden Alivila 教堂
ホテル日航アリビラチャペル
琉球ガラス体験 海風
御菓子御殿
おきなわワールド – 文化王国 玉泉洞

出版社／长江文艺出版社
出品／上海最世文化发展有限公司
官方网站／www.zuibook.com
平台支持／文艺风象

冲绳好好玩

落落 编著

ZUI Book
CAST

出品人 郭敬明 落落
选题出品 金丽红 黎波
项目统筹 kiya
责任编辑 赵萌
助理编辑 简宇
特约编辑 竹满
装帧设计 张树

摄　影 落落 张树
※ 除特别标注外
内页插图 艺天

图书在版编目（CIP）数据

冲绳好好玩 / 落落编著 . — 武汉：长江文艺出版
社，2013.5
ISBN 978-7-5354-6620-4

I. ①冲… II. ①落… III. ①旅游指南 – 冲绳 IV.
① K931.39

中国版本图书馆 CIP 数据核字（2013）第 070822 号

冲绳好好玩

落落 编著

出品人 郭敬明 落 落   责任编辑 赵 萌   装帧设计 张 树
选题出品 金丽红 黎 波   助理编辑 简 宇   责任印制 张志杰
项目统筹 kiya   特约编辑 竹 满   媒体运营 张银铃

出版 长江出版传媒 长江文艺出版社

电话 027-87679310   传真 027-87679300
地址 湖北省武汉市雄楚大街 268 号湖北出版文化城 B 座 9-11 楼   邮编 430070
发行 北京长江新世纪文化传媒有限公司
电话 010-58678881   传真 010-58677346
地址 北京市朝阳区曙光西里甲 6 号时间国际大厦 A 座 1905 室   邮编 100028
印刷 北京华联印刷有限公司
开本 787×1092 毫米 1/32   印张 7
版次 2013 年 12 月第 1 版   印次 2014 年 1 月第 2 次印刷
字数 15 千字
定价 32.80 元